Couverture Inférieure manquante

Ernest CHABRAND

Ingénieur des Arts et Manufactures

Bibliothèque Scientifique du Dauphiné

HISTOIRE

DE LA

MÉTALLURGIE

du Fer et de l'Acier

EN DAUPHINÉ ET EN SAVOIE

GRENOBLE

Xavier DREVET, Éditeur

Imprimeur-Libraire de l'Académie

14, rue Lafayette, 14

Succursale à Uriage-les-Bains

HISTOIRE

DE LA

MÉTALLURGIE

du Fer et de l'Acier

en *DAUPHINÉ* et en *SAVOIE*

ERNEST **CHABRAND**

Ingénieur des Arts et Manufactures

Bibliothèque Scientifique du Dauphiné

HISTOIRE
DE LA
MÉTALLURGIE

du Fer et de l'Acier
EN DAUPHINÉ ET EN SAVOIE

GRENOBLE

Xavier DREVET, éditeur

Imprimeur-Libraire de l'Académie

14, rue Lafayette, 14

Succursale à Uriage-les-Bains

Publication du Journal *LE DAUPHINÉ*

Fondateur : Mᵐᵉ LOUISE DREVET, O. I. U

Membre de la Société des Gens de Lettres

Directeur : XAVIER DREVET

ESSAI HISTORIQUE

SUR

LA MÉTALLURGIE DU FER ET DE L'ACIER

en DAUPHINÉ et en SAVOIE

Par Ernest CHABRAND

Ingénieur des Arts et Manufactures E. C. P.
Membre de la Société des Ingénieurs civils de France,
Officier d'Académie.

AVANT-PROPOS

Jadis, en Dauphiné, la métallurgie du fer et de l'acier a, comme l'exploitation des mines métalliques, occupé une large place dans l'industrie indigène.

La plupart des cours d'eau de nos vallées alpines, dont l'énergie hydraulique est utilisée aujourd'hui par des papeteries, des tissages, des moulins, des scieries ou des usines électro-métallurgiques, etc., alimentaient les trompes et mettaient en activité les soufflets et les marteaux d'un grand nombre de fourneaux à fer, de feux d'affinerie et de martinets que l'ancienne forgerie dauphinoise avait installés, sur leurs bords, séduite autant par l'abondance et la rapidité de leurs eaux, que par la secrète vertu que certaines d'entre elles étaient réputées posséder pour la trempe du fer ou de l'acier.

Si l'on observe l'importance des riches gisements de minerais carbonatés spathiques, si aptes à la fabri-

"

cation des aciers naturels, que les venues thermo-métalliques des âges géologiques déposèrent dans les innombrables fractures filoniennes qui sillonnent le massif montagneux de Belledonne, si l'on considère l'abondance des ressources en combustible végétal qu'une puissante végétation forestière avait accumulées au-dessus de ces richesses souterraines, on ne s'étonnera plus que nos Alpes du Dauphiné et de la Savoie aient été, à la faveur de ces heureuses circonstances, des foyers actifs de production de l'industrie sidérurgique, aux temps lointains de la métallurgie au bois.

Elles formaient, sous le nom classique de *Groupe du Dauphiné ou de l'Isère*, un des quatre groupes géographiques prédestinés où se rencontraient les conditions nécessaires à l'existence de *forges à acier*, et où s'était concentrée, sur le continent, la fabrication de l'*acier de fonte ou de forge*, par la décarburation, au petit foyer, des fontes lamelleuses au bois.

Les trois autres groupes étaient, on le sait : le *Groupe des Alpes centrales (Styrie, Carinthie, Tyrol);* le *Groupe du Rhin (Pays de Siegen)*, et le *Groupe de Thuringe.*

Chaque groupe possédait sa formule spéciale d'affinage, sa méthode de traitement. Le nom de *Méthode Rivoise*, méthode décrite dans tous les traités de métallurgie du fer, est resté attaché à l'ensemble des pratiques d'affinage usitées dans les forges à acier du groupe du Dauphiné.

Nos Alpes constituaient aussi une de ces « *régions métallurgiques naturelles* », aujourd'hui disparues, dont les produits, de nature complexe, ne pouvaient se définir par la seule composition chimique; ils étaient alors, dans le commerce des fers, distingués d'après leur provenance et classés par la désignation du lieu de leur fabrication. Cette désignation était, en quelque sorte, l'expression synthétique des propriétés spéciales de ces produits de l'art des forges, dont la qualité dépendait uniquement de la nature des minerais de fer existant dans la région, et non des procédés d'élaboration.

On disait : *fer des Alpes, acier de Rives*, comme on disait : *fer des Pyrénées, fer de Comté, de Bourgogne, du Berry*, etc. (1), tellement était étroite la relation qui existait entre l'usine et la matière première.

Dans les pages qui suivent, je me suis proposé d'essayer la monographie historique, depuis les temps anciens jusqu'aux nôtres, de nos forges et aciéries dauphinoises, auxquelles s'attachait jadis une vieille renommée trop peu connue de nos jours, et que l'introduction dans la sidérurgie des procédés anglais de traitement au combustible minéral et l'épuisement des richesses forestières alpines ont ruinées, en consommant la ruine de la métallurgie au bois. J'ai voulu faire revivre leur glorieux passé déjà trop oublié.

Si mes efforts n'ont su produire qu'une œuvre imparfaite, j'ose espérer qu'ils auront réussi cependant à jeter quelques lueurs sur les origines et les transformations d'une industrie séculaire qui, autrefois, dans la métallurgie française, a figuré aux premiers

---

(1) Dans son *Crépuscule d'un nouveau système de métallurgie rationnelle, positive et philosophique* (1855), Adrien Chenot disait : « ..... Il est dans notre conviction que, de même que « les vins sont dénommés par leur provenance, les fers, et par- « ticulièrement les aciers, seront prochainement dénommés et « classés comme les vins, d'après le gisement du minerai, en « admettant des classifications secondaires, comme pour les « vins, parce qu'on reconnaîtra qu'à la nature du minerai, beau- « coup plus qu'à l'art de le traiter, appartient la qualité; de « même qu'aux terroirs de Champagne, de Bourgogne, de Médoc, « appartient beaucoup plus la supériorité des crus qu'à la ma- « nière de traiter le raisin pour obtenir le vin ».

rangs, à cause de la richesse et de la pureté des minerais qu'elle traitait, de la qualité des fontes et des aciers de première marque qu'elle produisait, et grâce aussi, disons-le, au savoir technique, à l'habileté et à l'esprit de progrès de nos vaillants maîtres de forges dauphinois.

(Septembre 1898.)   ERNEST CHABRAND.

CHAPITRE Ier

Les gîtes de fer spathique des Alpes du Dauphiné.

I. Le Massif d'Allevard. — Le Bassin de Vizille. — La Vallée de l'Eau-d'Olle. — Le Trièves.

Les gîtes sont particulièrement concentrés sur les flancs de la chaîne de Belledonne, depuis la vallée de l'Arc (versant savoisien des Alpes), jusqu'aux gorges de la Romanche. Ils se prolongent même plus, au sud, au delà de Mésage et de La Motte-Saint-Martin, jusques dans le voisinage de la montagne du Thaud, au nord-ouest de Mens.

Les principaux se rencontrent aux environs d'Allevard, à Theys, Vizille, Articol (Isère).

MINERAIS D'ALLEVARD. — Les filons sont encaissés dans les *schistes cristallins (schistes talqueux, talcites de Cordier)*; ils pénètrent dans le *terrain anthracifère* (La Motte-Saint-Martin), et même dans le *trias* (*quartzites triasiques* d'Allevard, de Theys).

Ils remplissent, en général, des fractures très nettes et d'une puissance quelquefois considérable (6 à 8ᵐ). On a cru remarquer que l'épanouissement des filons correspondait à des points de croisement; les mineurs, observateurs à leur manière, disent dans leur langage aussi simple qu'expressif, que *les filons se fécondent en s'accouplant*.

« Fréquemment, surtout lorsque les filons sont
« très puissants, des fragments détachés du toit sont
« intercalés dans le remplissage; on constate, d'ail-
« leurs, que les filons ont généralement au mur une
« salbande assez nette, tandis qu'au toit ils se divisent
« en ramifications nombreuses » (1).

Ils sont presque verticaux, souvent coupés par de
petites failles (croiseurs), remplies d'argile, qui les af-
fectent parfois de façon très complexe; la cassure du
torrent Le Bréda paraît faire partie de leur système;
d'après M. Fénéon, elle leur est parallèle et s'enfonce
à une profondeur considérable. M. Chaper, en creu-
sant les fondations du haut-fourneau de Pinsot, recon-
nut qu'elle était comblée sur une grande hauteur par
des cailloux roulés.

Le remplissage est composé de *fer spathique ou
sidérose*, de couleur brun chocolat ou rougeâtre, dans
les parties supérieures des gîtes, quelquefois à grands
cristaux, à larges facettes, se clivant parfaitement et de
couleur blanc jaunâtre ou blond ferrugineux et à tex-
ture plus serrée, en profondeur. Les affleurements
sont marqués par des *chapeaux de fer hydroxydés*,
résultant de la décomposition de la sidérose par le
travail de désintégration de l'eau et des agents atmos-
phériques.

Suivant leur couleur, leur état de décomposition
plus ou moins avancée, leur cristallisation plus ou
moins parfaite, les minerais prennent les noms sui-
vants :

1° *Mine Rives*, à petites lamelles, à cristallisation
un peu confuse, riche en manganèse, facile à griller,
spécialement employée jadis pour la fabrication des
aciers rivois.

---

(1) *L'Industrie minérale dans le Dauphiné en 1885.* Küss,
ingénieur des mines.

2° *Mine Maillat*, à grands cristaux rhomboédriques, peu manganésée, réfractaire, décrépitant au feu. C'est la variété qui fournit les plus beaux échantillons des collections minéralogiques.

3° *Mine douce (Soft ore)*, fer spathique décomposé, minerais d'affleurement ayant subi une macération naturelle. Cette mine douce, que les premières exploitations, désordonnées et conduites sans esprit d'aménagement, recherchaient spécialement, a maintenant presque disparu.

La gangue est essentiellement formée de quartz ordinairement blanc, laiteux dans les parties compactes; accessoirement, de dolomie et de quadricarbonate de chaux, magnésie, fer et manganèse (Braunspath). La proportion de quartz est plus forte à Vaulnaveys qu'à Allevard; elle est très forte aussi dans les failles et petits filons à remplissage de quartz et siderose qui traversent le terrain houiller de La Motte (Küss).

Le remplissage est parfois accompagné de pyrite de fer, de pyrite de cuivre, de galène et de blende.

CONCESSIONS DU MASSIF D'ALLEVARD. Les mines de fer s'étendent sur les communes d'Allevard, St-Pierre-d'Allevard, Pinsot, La Ferrière, La Chapelle-du-Bard, Theys.

Elles portent les noms de : *Plan du Fol, plan Chaney, les Envers Nord, la Ravoire, Rossignon, Grand-Champ, la Taillat, Fayard, la Croix-Reculet, les Tavernes, Paturel, la Genivelle, Girodet, les Violettes, Prétermont, l'Occiput, le Bout ;* leur superficie est de plus de 2,000 hectares.

MINERAIS DU BASSIN DE VIZILLE. Ils se rencontrent dans le vallon de Vaulnaveys et dans la vallée de la Romanche, depuis Vizille jusqu'à Séchilienne, sur les deux rives, à mi-côte.

1° Vallon de Vaulnaveys. *Giles : du Vent, du Vernay, Grande-Fosse, Pierre-Plate.*

2° Vallée de la Romanche. *Gîtes : des Halles, Ste-Julie, la Grand'-Combe, St-Charles.* Ces derniers sont situés au pied de la montagne des Challanches.

Citons aussi les gîtes de *St-Pierre-de-Mésage,* sur la commune de Mésage, au pied du coteau de Laffrey; *de la Fayolle,* près Laffrey; *de Mens* (1) ; *de la Mine du Pré,* près la concession d'anthracite de Serre-Leycon, canton de la Mure (2), commune de La Motte-St-Martin, dans le voisinage de la montagne du Thaud.

MINERAIS DE LA VALLÉE DE L'EAU-D'OLLE. Mines d'*Articol* et du *Mollard,* comprenant les gîtes du *Grand-Bois, de Roche-noire, des Trois-Laus.*

II. Le filon de la Chevrette.

Le filon, situé dans la vallée de la Chevrette, qui s'allonge au pied des couloirs du Grand-Charnier, présente une particularité intéressante qui, seule, nous engage à le mentionner ici.

Le remplissage est constitué par des fragments anguleux de Schistes cristallins détachés des épontes et qui, après avoir obstrué la fente, ont exercé ultérieurement une action dirigeante sur les eaux filoniennes, pendant leur période de circulation. D'abord cimentées par du quartz cristallin, ces brèches ont été plus tard enveloppées d'une écorce de fer spathique et de pyrites.

Ce filon est un exemple classique des remplissages bréchiformes et de la structure fragmentaire ou amygdaloïde, à zones concentriques et alternées de gangues et de minerais.

Cette structure de remplissage à brèches cimen-

____

(1) Trièves.
(2) La Matheysine.

tées, avec zones d'incrustations successives, est assez fréquente (filons du Hartz).

III. Age de formation des gîtes de fer spathique dauphinois.

Dans sa *Statistique minérale de l'Isère* (1847) (page 382), E. Gueymard, ingénieur des mines, disait :

« Les minerais d'Allevard, du vallon de Vaulna-
« veys, du pays d'Articol, sont évidemment de même
« âge que ceux de Seyre-Leycon, dans la commune
« de La Motte-St-Martin. Ceux-ci sont dans le voisi-
« nage de la montagne du Thaud et tous ces filons
« ont la même origine. Nous pouvons conclure de là
« que tous les gîtes de fer carbonaté de l'Isère sont
« postérieurs au calcaire jurassique de l'étage des
« lucines, c'est-à-dire des schistes à Posidonies. »

Plus tard, Lory, dans sa *Description géologique du Dauphiné* (1864), s'exprime ainsi : « Le filon du Pré,
« près de la concession d'anthracite de Serre-Leycon,
« est remarquable en ce qu'il se prolonge sans dé-
« viation et sans discontinuité des schistes talqueux
« dans les grès à anthracite. On doit en conclure que
« ce filon et, sans doute, aussi la plupart des autres,
« n'ont été formés que postérieurement au dépôt et
« à la consolidation des grès à anthracites. Nous ver-
« rons, du reste, d'autres faits qui démontrent que
« certains filons de fer spathique sont bien moins an-
« ciens encore. »

Plus loin : « Le seul gisement de fer carbonaté spa-
« thique qui ait été exploité anciennement est celui
« du Thaud, au N.-O. de Mens. Ce gîte est dans les
« schistes à Posidonies. »

Les incertitudes qui longtemps ont enveloppé l'âge

de formation de ces gîtes sont aujourd'hui dissipées ; de nouvelles observations, précises et multipliées, ont permis de regarder comme antérieure au dépôt des calcaires liasiques et de rapporter au *Trias* la formation des filons de carbonate de fer de la chaîne de Belledonne.

CHAPITRE II

Les origines de la Sidérurgie Alpine. — L'ancienne métallurgie du fer au pays d'Allevard. — Ses progrès. — Etat actuel.

———

I. Les âges préhistoriques. — La période Gauloise. — L'époque Gallo-Romaine. — Invasion des Barbares. — Les Dauphins. — Le droit d'Antivage. — La Ferrière. — Les Mines de Theys. — Les Martinets de la vallée du Grésivaudan, d'Allevard, du Rivois. — Forges Catalanes, Bergamasques et Comtoises d'Allevard. — Progrès de la fabrication du fer. — La Cie des Forges d'Allevard. — Hauts Fourneaux. — Forges. — Aciéries.

LES fouilles pratiquées, en Dauphiné, depuis une trentaine d'années, pour essayer de reconstituer l'industrie indigène des premiers âges, permettent d'affirmer, grâce aux nombreux vestiges (1) mis au jour par la pioche des paléoethnologues, qu'aux *temps préhistoriques* vivait, dans nos vallées élevées, une race qui savait élaborer le fer et le plier à certains usages peu pacifiques.

———

(1) Palafittes. Sépultures et Nécropoles alpines.

Par quelle filiation s'était donc répandu, jusques dans nos hautes vallées alpines, le secret d'un art dont la mystérieuse Asie passe pour avoir été le berceau?

Longtemps, en raison de l'obscurité profonde qui enveloppe les tous premiers pas de l'humanité, il a été difficile de préciser ce point important de l'histoire métallurgique. Il a fallu les lumineuses découvertes de l'archéologie préhistorique, science toute moderne, pour éclairer cette nuit du passé. Il semble établi, d'une manière presque certaine aujourd'hui, que c'est à des *Emigrés Asiatiques*, de la puissante famille métallurge Aryenne, qui, lors de la grande migration celtique, firent halte dans nos montagnes du Dauphiné et de la Savoie et s'y implantèrent, que les peuplades Néolithiques alpines sont redevables de la connaissance de l'art de préparer les métaux et notamment de convertir en métal malléable, en le purgeant au feu de ses matières hétérogènes, le minerai de fer extrait de la terre. D'après les savants, la civilisation de l'*Age du fer*, dans nos contrées, a eu deux phases distinctes : la première correspond à la période comprise entre l'âge de bronze, dont la durée fut assez courte, et l'âge du fer gaulois; la seconde se confond avec la *période gauloise* proprement dite, durant laquelle l'art d'extraire le nouveau métal progressa comme celui de le travailler. Tandis que le bronze vit son emploi se localiser dans le domaine de l'art et resta la matière des objets de parure et d'ornement, le fer, son jeune et moins brillant rival, dont les vaillantes qualités avaient révélé l'utilité, servit à forger, tout d'abord, des épées, des lances, des haches d'armes.

C'était, sans doute, une épée en *fer fort d'Allevard* qui, à la sanglante bataille de l'Allia, quatre siècles avant le Christ, armait le bras victorieux des farouches Allobroges.

Quand les Romains furent, par la conquête, devenus maîtres de l'Allobrogie, l'an 121 avant notre ère, ils durent la trouver en possession des pratiques les plus essentielles de la métallurgie du fer ; car, si l'ignorance de nos ancêtres fut impuissante à féconder les méthodes naïves de leurs devanciers, il est à présumer que leur humeur belliqueuse n'eut garde de laisser dépérir une industrie qui lui fournissait les moyens de s'exercer avec succès. Les connaissances de cet art n'avaient pu, du reste, s'évanouir dans un pays favorisé par la présence dans son sol de minerais de fer, riches et abondants et couvert de forêts vastes et peuplées, où le bois pour les fondre ne faisait pas défaut. Jules César affirme que, lors de l'invasion romaine, les peuples de la Gaule avaient acquis, dans l'art de dégager le fer de ses minerais et de le travailler, toute l'habileté compatible avec leurs moyens d'action.

Les conquérants qui, jusqu'alors, plus habiles à manier l'épée qu'à la forger, avaient tiré de la Norique et de l'Etrurie le précieux métal qui donne la victoire, s'empressèrent, avec la hauteur de vues et l'esprit d'organisation qui les caractérisaient, d'utiliser un art dont ils avaient éprouvé la nécessité et pressenti la grandeur et de développer, dans cette Allobrogie si péniblement conquise, tout en les perfectionnant (1), les méthodes rudimentaires des vaincus.

Il est permis de croire que ceux qui, dans le pays ucénien, créèrent les grandes et immémoriales exploitations de Brandes, ne trouvèrent pas indigne des efforts de leur génie la mise en valeur des richesses ferrifères du massif montagneux d'Allevard, situé dans le voisinage (2). Au lendemain de la conquête,

---

(1) Agrandissement des bas-foyers, emploi des soufflets, usage du bois carbonisé, etc.

(2) L'Oisans communique avec Allevard par le plateau des

mineurs, fondeurs, forgerons *Gallo-Romains* étaient
à l'œuvre.

C'est à cette époque, dont les traditions se sont à
jamais perdues à travers les siècles du moyen âge,
qu'il faut rapporter, croyons-nous, les amas considérables de scories (*ferriers*) trouvées dans certaines
forêts de nos hauts plateaux alpins; ces scories
étaient, sans doute, les résidus d'anciens foyers
de fusion, *foyers à orientation* ou *forges à bras* de la
métallurgie nomade.

A la ruine de la domination romaine, lors de l'*invasion des hordes barbares*, au cinquième siècle, l'activité minière dut se ralentir; la Sidérurgie fut frappée
comme d'un coup de mort; il régna dans les Gaules
une époque de grande et longue détresse, celle que
Michelet a appelée « la Nuit de mille ans du Moyen
« Age. » Les nouveaux maîtres du sol, « ignorants et
« barbares, étaient plus disposés à se procurer des
« richesses par le pillage qu'à les extraire laborieuse-
« ment du sein de la terre. » Il est honteux, disait un
proverbe à leur usage, de gagner à la sueur de son
front ce qu'on peut obtenir au prix de son sang (1).

Cependant la civilisation matérielle gallo-romaine
ne dut pas sombrer tout entière au milieu de ce nau-
frage des forces productives et des désordres de la
conquête; peu à peu les traditions de l'art d'élaborer

Sept-Laux formant une sorte de col par lequel on va de la
vallée de l'Eau-d'Olle à La Ferrière. D'autre part, pour compléter leur réseau de voies stratégiques et relier leurs exploitations
de Brandes avec la voie principale de Turin à Vienne, les
Romains avaient établi une voie qui se détachait de celle-ci au
Petit Chatain d'Auris, allait, par les montagnes d'Auris, de Brandes et d'Oz et par la vallée d'Olle, passer le col de la Coche
pour rejoindre, au-delà de la chaîne de Belledonne, à Laval, *la
voie de la vallée supérieure de l'Isère qui passait à Theys.*

(1) *Pigrum et iners videtur sudore acquirere quod possis sanguine
parare.*

le fer, qui semblaient effacées, se réveillèrent au s
des nouvelles races; avec les idées belliqueuse.
d'alors, il fallait des armes; or, le temps n'était plus où
le Franck n'avait qu'à arracher le métal aux temples et
aux monuments, à *exploiter* les édifices, pour forger
ses épées et ses hachés; il dut, contraint par la nécessité, se résigner à tirer parti des richesses minières
souterraines que lui offrait le sol. Les mineurs ne tar-
dèrent pas à reprendre leurs fouilles; les bas-foyers
rallumèrent leurs feux éteints.

Le règne de Charlemagne, ce Germain et demi-bar-
bare, converti à la civilisation romaine dont il s'efforça
de relever les ruines, ouvrit une ère nouvelle à la
Sidérurgie. C'est, on le sait, lui qui marque la limite
où s'arrête la dissolution de la Société antique et où
commence la conversion de l'Europe barbare aux
idées de travail, d'industrie et de commerce.

L'histoire de la Sidérurgie alpine durant l'époque
franque et le haut moyen âge nous est complètement
inconnue. Ce n'est qu'à dater du xi⁰ ou du xii⁰ siècle
que l'histoire commence à pénétrer dans les faits,
« comme le soleil dans les forêts éclaircies par la
« hache des Romains et la torche des Barbares. »

A cette époque, nous voyons le Dauphiné s'organi-
ser en corps de communes, avec leurs libertés et leurs
franchises municipales; les villages se multiplient et
se peuplent; les travailleurs sont admis à l'exercice
des droits de propriété; les mines et l'art métallurgique sont favorisés par les privilèges des Dauphins
qui y trouvent une source de revenus.

Les forges, cessant d'être nomades, sont descen-
dues au fond des vallées et se sont implantées sur
les cours d'eau; l'eau est substituée, comme moteur,
aux bras et au poids des hommes; les serfs ont été
affranchis; les forces hydrauliques sont employées à
faire mouvoir les soufflets et marteaux. Nous sommes
sur le seuil de la période des *usines*. Aux four-

neaux orientés, à tirage naturel, ont succédé les fourneaux à vent forcé; la transformation des bas foyers en fourneaux élevés (Stuckofen), précurseurs des hauts fourneaux actuels, a élargi le champ de la Sidérurgie. Le fer reste encore, néanmoins, un article de luxe, à usages restreints, jusqu'au jour où la découverte de la fonte et celle de l'art de réduire la *gueuse* (1) en fer, dans des feux d'affinerie, auront inauguré sa fabrication à bon marché.

Si elle n'est pas encore métier de gentilhomme, sa fabrication n'est plus, en tous cas, le privilège de quelques corporations, le patrimoine de quelques castes; les méthodes de traitement se vulgarisent; la science va, peu à peu, pénétrer dans l'atelier, long-temps livré à la routine des empiriques et aux mystérieuses pratiques des disciples d'Hermès.

Cette époque brillante du Moyen Age où l'on bataillait tant, et où rien n'était en plus haute estime qu'une bonne lame finement trempée, fut, certainement, pour le travail du fer et de l'acier dans nos contrées, une période d'activité et de progrès, une période de prospérité pour les forges.

L'organisation politique, le milieu social, en favorisant la propension au travail et les aptitudes minières et métallurgiques de nos énergiques populations montagnardes, ne furent pas, me semble-t-il, sans exercer une action vivifiante sur cette industrie du fer à laquelle nos Alpes paraissaient prédestinées, grâce aux ressources naturelles locales de toute sorte (minerais, forêts, cours d'eau) que la nature y avait accumulées.

A l'avènement des *Dauphins*, la Terre d'Allevard vit renaître son industrie minérale. Les Dauphins, dont les richesses spéciales au sol de cette contrée

---

(1) De *Ghisa* (italien), fonte.

avaient éveillé l'attention, recommencèrent l'œuvre gallo-romaine ; ils encouragèrent les recherches et les entreprises d'exploitation des minerais de fer, par des permissions qui concédaient aux habitants le droit de *fossoyer* et de tirer des mines sur le terrain d'autrui, le franc usage des eaux pour animer les artifices propres à la fonte des métaux, etc., moyennant le paiement d'une redevance (1).

On a de Pierre le Vénérable, d'abord prieur de Domène, puis abbé de Cluny, de 1121 à 1156, divers ouvrages et entre autres deux livres de *Miracles*, où il est fait mention de *La Ferrière* (village à 11 kilomètres d'Allevard, dans la vallée du Bréda) et des travaux qu'on y exécutait pour l'extraction des minerais de fer, documents constatant que l'exploitation de ce métal (*sic*) dans cette paroisse était, à cette époque, en pleine activité.

Voici ce qu'il est dit dans le chapitre relatif à cette exploitation et au fait miraculeux que l'abbé de Cluny raconte être arrivé à la Ferrière : « *De celui qui en-* « *foui sous terre était nourri de la main d'un ange* « *par suite de sacrifices de la messe et de prières.* »

« Il y a, dit-il, dans le diocèse de Grenoble, un lieu « riche en filons de mines de fer que les habitants et « les gens de la campagne retirent à grande sueur, « préparent et purifient dans des fourneaux et ven- « dent avec bénéfice dans les environs aux ouvriers « qui travaillent sur le fer ou à tout autre. De là, on « a appelé *Ferrière* (2) le lieu qu'habitent ces hommes.

---

(1) Nous avons publié, dans notre *Essai historique sur les Origines de l'Exploitation des Mines métalliques et de la Métallurgie dans les Alpes du Dauphiné* (1891), un document datant du quinzième siècle et donnant un exemple du contrat qui intervenait entre le Dauphin et l'exploitant.

(2) Les noms répandus de *Farerges* (*Farerga, fabrique de fer*), *La Ferrière* (*ferraria, mine de fer*), etc., sont des indices qui at-

Ainsi que nous l'apprend une procédure de l'an 1282, les minerais de fer pouvaient être cherchés, extraits et transportés par les habitants du pays, moyennant un droit dit *d'Antivage* (1) dû au seigneur sur le fief duquel était ouverte la mine, en échange de la fourniture du bois nécessaire pour l'étayage des galeries. Ce droit était le quart du produit net d'une fosse à minerai.

Par une charte du 15 mars 1315, le Dauphin Jean concéda plusieurs privilèges aux habitants du mandement d'Allevard, nobles ou roturiers. Il leur concéda entre autres la liberté de construire, sur les ruisseaux et dans les fonds et ailleurs, des fabriques, *martinets* et autres édifices, l'usage arbitraire des eaux, pourvu que les uns ne portassent pas obstacle aux autres et tout cela à perpétuité, sans être obligés d'en demander aucune permission.

Les habitants furent en outre confirmés dans la faculté de couper pour tous leurs besoins des bois dans les forêts communes.

Enfin, à l'égard des *mines de fer*, il fut ordonné que la recherche et l'extraction pourraient en être faites par les habitants en tous lieux, sous la seule redevance nommée *Antivage* qui serait payée suivant l'usage.

En 1337, la charte de libertés, octroyée aux habitants d'Allevard par le dauphin Humbert II, impose au profit de la communauté un droit de *deux deniers par chaque douzaine de mesures* (2) *de minerai*, tiré

---

testent combien étaient dès lors et avaient été en activité, dans les environs d'Allevard, les travaux pour l'exploitation des mines de fer.

(1) Boisage des galeries. (*Intarolare*, en italien. *Entibar*, en espagnol.)

(2) La mesure était de 630 kilogrammes. Elle était représentée par une douzaine de bennes.

des fosses, payables par l'exploitant qui devait, en outre, au Trésor Delphinal, *deux livres de fer*, pour la même quantité, lorsqu'elle était portée en Savoie ou se traitait, dans des fourneaux, pour y être réduite en gueuse, la plus grande partie des produits des mines d'Allevard. Le recouvrement de ces droits et revenus était opéré par des officiers du Dauphin, appelés *Receveurs delphinaux ou royaux*, nommés par les Dauphins. Le 6 février 1341, Humbert II approuva un albergement qu'il avait passé de l'eau de la Dravière jusqu'à l'Isère à *Domenget de Lyonne*, du lieu d'Allevard, pour l'usage d'un martinet.

L'état de la Sidérurgie dauphinoise, au XVe siècle, nous est révélé par une enquête faite, en 1447, sur la supplique des habitants et des consuls du mandement d'Allevard, après les ravages de la peste qui sévit à trois reprises différentes, en 1420, 1428, 1439; ils demandaient au dauphin une réduction des tailles.

Cette enquête, en revision des feux, s'occupa de l'exploitation des mines de fer dans le mandement d'Allevard.

Elle établit que si, autrefois, cette exploitation fut considérable, elle était, depuis douze ans environ, réduite de un tiers et qu'elle tendait à baisser encore chaque jour, soit que les anciennes mines eussent perdu de leur richesse première, soit qu'on eût cessé d'en chercher de nouvelles, à cause du peu de rendement des mines ouvertes en dernier lieu. En effet, la même quantité de minerai qui, apportée au martinet, il y avait douze ans, donnait trois quintaux de fer et quelquefois davantage, au poids d'Allevard, ne rendait plus guère que deux quintaux, au même poids; d'où il était arrivé que de nombreux habitants avaient complètement renoncé à cette industrie et que d'autres avaient quitté le pays.

Au contraire, depuis cette époque, de nouvelles et d'abondantes mines venaient d'être exploitées, dans le

Mandement de Theys, lesquelles fournissaient du minerai aux *martinets* de *Tencin*, de *Domène*, de *Brignoud*, de *Vors*; de *La Fure* et du *Martinet Neuf*, au mandement de *Tullins*; de *La Monta*, au mandement de *Cornillon*; aux *martinets* de *Voiron*, de *Moirans*, de *La Rivière*; d'*Alivet*, au mandement de *Beaucroissant*; de *La Sône* et de *Trellins*, au mandement de l'*Albenc*; tandis que les mêmes martinets, il y avait douze ans, ne travaillaient presque qu'avec les minerais d'Allevard.

Le fer, qui se vendait alors 3 florins ou 34 gros (1) le quintal, ne valait plus que 22 gros et quelquefois même 20 gros seulement.

Tous les privilèges contenus dans les Chartes de 1315 et 1337 furent confirmés par des lettres patentes de Charles, régent de France, au mois de juillet 1442.

En 1450, Pierre et Arthaud Boisson, deux industriels du pays d'Allevard, possédaient, dans le bourg d'Allevard, un martinet qui, en 1724, existait encore et qui est désigné, dans la visite des usines faite à cette époque par des commissaires spéciaux, comme le plus ancien établissement de ce genre en Dauphiné. Ils possédaient aussi des martinets à Trellins, près de Vinay, où ils faisaient travailler le fer et l'acier.

Un sieur Claude Lambert, dit Guillon, marchand d'Allevard, natif de La Ferrière, concessionnaire de mines dans les mandements d'Allevard et de Theys, obtint par un *albergement* (2) du 3 juillet 1488, pendant 15 années, la faculté de fabriquer l'acier, sous l'obligation de payer, pour chaque charge ou 4 ballons d'acier, 1 gros, monnaie de roi, ou 15 deniers tournois.

----

(1) Le gros valait 2 sols 6 deniers.

(2) Albergement, contrat usité en Dauphiné, synonyme de bail emphythéotique.

Un *péage* (1) était levé, à Grenoble, au profit du Dauphin, sur les minerais ou produits métallurgiques qui y passaient par terre ou par eau.

Ce péage fut réglé par le *Conseil delphinal*, tenu à Grenoble le 31 mars 1328, comme suit :

1° Pour une batelée de mines traversant Grenoble sur l'Isère : 6 sols ;

2° Pour chaque quintal de fer transporté vers Romans ou ailleurs, sans passer par Rives : 3 deniers ;

3° Pour chaque quintal de fer dirigé sur Lyon ou sur Vienne, en passant par Rives : 4 deniers 1 obole (2).

Quant au produit qui, en 1342, était, d'après un compte de châtellenie, de 225 mesures, soit 141,750 kilos, il s'élevait, en 1596, à 20 quintaux de gueuse par jour.

En 1606, on construisit, dans la vallée d'Allevard, quatre fourneaux à fonte, dont trois étaient situés à Allevard et un à Sailles, plus six martinets.

En 1726, Joseph de Barral, président à mortier au Parlement de Grenoble, seigneur d'Allevard, obtint, par lettres patentes, l'autorisation de faire construire un fourneau de plus et cinq martinets.

Les forges de cette époque *(foyers bergamasques)* (3) ne produisaient que du fer rouverin, c'est-à-dire

---

(1) Péage, droit seigneurial imposé dans certains endroits sur les bestiaux, marchandises et denrées qui y passaient par terre ou par eau, et en retour duquel le seigneur péager était tenu de pourvoir à l'entretien et à la sécurité des voies de communication.

(2) L'obole était la douzième partie du denier.

(3) Les fondeurs métallurgiques formaient alors une classe d'ouvriers spéciaux, entourant leurs travaux de mystères et de superstitions ; ils importaient dans les pays, où les conduisait leur humeur nomade, les usages des contrées où ils avaient travaillé. Nos vallées alpines dauphinoises, situées dans le voisinage du Piémont et de la Lombardie, durent subir, dès lors, l'influence des procédés Bergamasques ou Lombards. En 1825,

cassant à chaud et difficilement soudable. Aussi plusieurs propriétaires de forges du Dauphiné présentèrent, vers 1786, un mémoire à M. l'Intendant général des mines de France, pour le prier de « rendre publics « et de faire connaître à la France entière les pro-« cédés des forges du Comté de Foix, qu'on a déjà, « disaient-ils, essayés avec un succès inestimable « en Dauphiné et en Bourgogne. »

Au mois d'août 1786, M. le baron de Dietricht, commissaire du roi pour la visite et la recherche des mines, essaya, dans les forges de Gudanes (Ariège), le traitement des mines du Dauphiné, par la méthode Catalane.

« Neuf cents pesants de mine peu grillée rendirent « un massé de trois cents, mais le fer en était très « rouverin. La mine était chargée de pyrites. Les « ringards durant l'opération étaient couverts de « soufre; on trouva du cuivre au fond du creuset. Il « est à présumer qu'on avait fourni à M. de Dietricht « quelque rebut de mine. Ainsi on ne peut rien « statuer d'après cette expérience. Puisque la mine « spathique donne du fer doux, excellent par notre « méthode, pourquoi n'en retirerait-on pas de celle « du Dauphiné, pourvu toutefois qu'elle soit exempte « de pyrites? Bien mieux encore si, comme je le pro-« pose, on la disposait à la fonte par une calcination « lente et spontanée » (1).

Un second essai de minerai d'Allevard fut pratiqué ensuite à la Forge catalane de M. Bergasse-Laziroulé, située à Rabat, canton de Tarascon (Ariège). Les résultats furent, cette fois, satisfaisants sous le

---

Il y avait en activité dans nos Alpes, *onze forges bergamasques* produisant des *fers martinets fins.* En 1835, il n'en restait plus qu'une; les autres avaient été transformées en *forges comtoises.*

(1) *Traité sur les Mines de fer et les Forges du Comté de Foix;* par M. de la Peirouze (1786).

triple rapport de la qualité du fer, du rendement du minerai et de la consommation du charbon de bois.

Encouragé par ce succès, M. Grasset, propriétaire de forges bergamasques à Pinsot, transforma celles-ci en *Forges catalanes ;* allumées au mois de mai 1816, les nouvelles forges demeurèrent en activité jusqu'à la fin de juin 1817.

En 1820, il les vendit à M. Chaper qui les exploita pendant deux ans; comme elles ne produisaient que des fers de couleur, d'un écoulement difficile, M. Chaper les démolit, trouvant plus avantageux de se livrer à la fabrication de la fonte.

En 1822, il montait un *haut fourneau* sur l'emplacement des anciens feux catalans; ce fourneau livra ses premiers produits en 1825. *Le procédé catalan avait vécu six ans dans le département de l'Isère.*

En 1817, M. Champel acheta le château, le parc et les forges appartenant aux héritiers de Barral qui possédaient la terre d'Allevard, érigée en Baronnie; en 1828, il transforma, en *forge comtoise*, la forge à la Bergamasque de Pomine (à 100 mètres environ du bourg d'Allevard) où l'on traitait les fontes du haut fourneau d'Allevard.

En 1833, M. Champel vendit ses terres, ses usines à la maison Giroud, de Grenoble; à la déconfiture de cette maison de commerce, une Société nouvelle se forma pour l'exploitation des hauts fourneaux, forges et martinets d'Allevard; la gérance de ce groupe d'usines fut confiée à M. Charrière.

M. Charrière étudia avec soin le traitement des minerais des Alpes, modifia le profil du haut fourneau et perfectionna la fabrication des fontes, dont une partie était convertie en fer par les forges et martinets d'Allevard et dont le reste était vendu aux aciéries de Rives et à la fonderie de canons de Saint-Gervais.

En 1841, il reprit la fabrication du fer dans la forge comtoise de Pomine. Plus tard, quand le puddlage à la houille pour acier, au four à reverbère, fit son apparition (1855) dans nos Alpes dauphinoises, il installa des *puddleries pour acier* où se traitaient, avec les fontes des hauts fourneaux d'Allevard et de Pinsot, les fontes des Pyrénées orientales et de Saint-Louis, près Marseille.

A l'exemple des usines carinthiennes, il essaya de pratiquer le *puddlage au gaz de bois torréfié* que l'usine de Villotte (Côte-d'Or) expérimentait aussi.

Les produits ordinaires du puddlage à la houille étaient l'acier dur, l'acier doux et le fer à grains; ces divers aciers puddlés, mariés avec art, étaient ensuite corroyés pour servir à la fabrication des *bandages de roues à mises soudées*, destinés aux compagnies de chemins de fer. Les chaudes du corroyage s'opéraient dans un feu de chaufferie soufflé, alimenté à la houille et qui rappelait le feu des corroyeurs d'acier, considérablement agrandi.

Les succès de cette fabrication qui fut, peu après, suivie de celle des *bandages sans soudure, en acier fondu*, déterminèrent la création de divers ateliers largement outillés (laminoirs, marteaux pilons).

En 1867, on fabriquait annuellement, à Allevard, environ 2,000 tonnes d'acier puddlé qu'on vendait sous forme de bandages, ressorts de wagons et de carrosserie, aciers de taillanderie, etc.

C'est à Allevard, n'oublions pas de le dire, que fut fabriquée une partie des premières *plaques de blindage* destinées à la frégate cuirassée « La Gloire »; le reste sortit des laminoirs de MM. Petin, Gaudet et Cᶦᵉ, Saint-Chamond (Loire), et Laubenière et Cᶦᵉ, de Rouen.

En 1878, l'usine d'Allevard qui, depuis l'origine, n'employait, pour la fabrication de sa fonte, que le charbon de bois, emportée par le progrès qui fait bon marché des anciens préjugés et de la routine, traitait ses minerais spathiques, au haut fourneau, avec un *mélange de coke et de charbon de bois*, comme certaines usines de Champagne. Aujourd'hui, l'emploi du mélange a cessé et le haut fourneau, adapté à la marche au combustible minéral, roule alimenté au *coke seul*, en produisant par 24 heures, près de 20 tonnes de fontes de qualité supérieure, grises, blanches, truitées, rubannées ou spéculaires (1).

L'usine d'Allevard, pour sauvegarder son existence menacée par les transformations successives de l'industrie métallurgique et surtout des procédés au bois qui, à ses débuts, constituaient pour elle presque un monopole, a dû compléter ses moyens de travail, pourvoir ses installations des perfectionnements de la Sidérurgie moderne et réaliser d'importantes modifications dans les procédés de production de l'acier.

Actuellement, tout le matériel de l'usine est actionné par la force hydraulique fournie par les eaux rapides du Bréda.

Depuis un certain nombre d'années elle a appliqué le *four Martin-Siemens* à la fabrication de ses aciers. Cette application y a été faite dans des conditions qui méritent d'être signalées.

Mue par la pensée toujours prédominante de maintenir la qualité des produits provenant d'un minerai d'une grande pureté, elle n'admet dans ses dosages aucune matière étrangère susceptible d'altérer cette pureté native ; elle alimente ses fours à acier avec les fontes de son haut fourneau, additionnées des *scraps* (rognures) provenant de sa fabrication ; comme cette addition est insuffisante pour opérer la décarburation, elle la complète par une introduction, dans le lit de fusion, de minerai d'Allevard.

C'est entre 1878 et 1880 qu'Allevard a adopté ce

---

(1) En 1867 (marche au charbon de bois) la production n'était que de 5,000 kilos en 24 heures.

procédé mixte avec scraps et minerai (1); elle est la seule usine en France qui ait pratiqué, de façon continue, cette méthode, à l'aide de laquelle elle produit des aciers classés au premier rang, comme qualité.

L'usine d'Allevard s'applique spécialement à la fabrication des bandages en acier, des ressorts de chemins de fer et des aciers pour outils, sous diverses formes.

L'Administration sage et clairvoyante qui préside aux destinées d'Allevard, l'habileté professionnelle et la compétence de sa direction technique sauront, malgré les difficultés de l'heure présente, conserver au Dauphiné, nous l'espérons, une de ses vieilles gloires métallurgiques qu'une longue série de siècles a marquée d'un sceau de noblesse industrielle.

Il est permis d'envisager l'avenir avec confiance, car, ainsi que le disait M. Küss, ingénieur des mines, au congrès de l'Association française pour l'avancement des sciences, tenu à Grenoble, en 1885, on peut affirmer, sans crainte d'être contredit, que des minerais de bonne qualité donneront toujours des produits meilleurs que des minerais impurs et que les *minerais spathiques et manganésés des Alpes resteront longtemps encore sans rivaux pour la fabrication des aciers fins.*

C'est en continuant à utiliser les qualités spéciales de ses minerais pour la production de fers et d'aciers de première marque, en maintenant avec soin, pour base du travail de ses forges, les principes qui permettent d'obtenir des produits supérieurs, qu'Allevard réussira, selon nous, à conserver son nom et sa place dans le monde métallurgique; à la satisfaction

---

(1) Ce procédé a été appliqué par W. Siemens, en 1864, à l'usine de *Landore Siemens Steel, C°*, près Swansea, pays de Galles. On le désigne sous le nom de *Landore Process.*

de notre fierté dauphinoise et pour le plus grand profit de sa courageuse population ouvrière.

II. Les exploitations de la Cie du Creusot. — La mine de la Taillat. — Production des gîtes.

MM. Schneider et Cie, du Creusot, sont devenus propriétaires des mines d'Allevard, en 1873. Les travaux qu'ils y ont entrepris et patiemment continués jusqu'à ce jour ont démontré la valeur du puissant gîte ferrifère d'Allevard.

La mine la plus importante est celle de *La Taillat* (461 hectares) située à l'altitude de 1112 mètres. Ils y exploitent deux filons de grande puissance recoupés par une longue galerie de roulage dite *Galerie Sainte-Madeleine*. Ils ont relié ce siège d'extraction au réseau général des voies ferrées, à l'aide d'un chemin de fer industriel, à plans inclinés, qui traverse Saint-Pierre-d'Allevard et aboutit à la gare du Cheylas-la-Buissière (altitude 248 mètres), sur la ligne P.-L. M. de Grenoble à Chambéry.

Voici quelques chiffres qui indiquent les variations de la *production des mines de la région d'Allevard* depuis plus d'un demi-siècle.

ANNÉES	PRODUCTION		
1814	22.872 quintaux métriques, soit :	2.287	tonnes
1830	45.000 —	4.500	»
1867	....	7.000	»
1873	....	15.000	»
1882	....	48.000	»
1885	....	55.000	»
1887	....	37.000	»
1889	....	44.000	»

En 1897 (1), d'après le rapport de M. Primat, ingénieur des mines, à Grenoble, la production est des-
cendue à 14,861 tonnes de minerais crus, à 30°/₀ de fer,
destinés à la seule consommation du haut fourneau
d'Allevard. Il y a quelques années, l'excédent de production était envoyé à diverses usines de la vallée du
Rhône et au Creusot; mais la pénétration, chaque jour
plus abondante, des *minerais méditerranéens* et de Bil-
bao (Espagne) dans ces deux bassins métallurgiques,
a obligé les exploitants à maintenir l'extraction dans
de sages limites et à la réduire, pour ainsi dire, aux
seuls besoins du haut fourneau d'Allevard.

III. Le haut fourneau et les martinets de Saint-Hugon.

La Chartreuse de Saint-Hugon, dont les restes sont
situés sur la rive droite de la vallée du Bens, fut fondée en 1171 par Hugues, seigneur d'Arvillard.

D'après la carte du chapitre général de la Grande
Chartreuse, de 1339, il y existait, au quatorzième siècle, des martinets que faisaient valoir les Pères.

Dans les premières années du dix-septième siècle,
un haut fourneau y fut érigé, pour traiter les minerais
de Saint-Georges-d'Hurtières (Savoie). Il fournissait
de la fonte à de petites forges bergamasques établies
à Pont-de-Bens, et où se fabriquaient la *verge de ma-
réchal* et les pelles, dites *allevardes*.

Confisqué aux Chartreux, lors de la Révolution, il
fut abandonné. En 1820, à l'époque de l'essor des
aciéries, MM. Milleret et Beaunier le reconstruisirent;
il fut achevé et remis à feu en 1821.

Vers 1830, après une longue période de chômage,

---

(1) En 1896, la production fut de près de 18.000 tonnes de
minerais crus.

M. Prosper Leborgne, propriétaire des forges de la Rochette (Savoie), remit en activité ce haut fourneau pour alimenter ses forges, dont les feux d'affinerie au bois produisaient une qualité de fer fin supérieure dite *fer mailletin* et qui était cotée, en 1860, sur le marché des fers, quarante-cinq francs les cents kilogrammes.

La rude concurrence que, depuis quelques années, faisaient aux fontes au bois les fontes au coke, dont l'introduction, dans les lits de fusion, des minerais riches et manganésés du bassin méditerranéen, des Pyrénées ou de la côte nord de l'Espagne avait permis de relever la qualité, força son propriétaire à l'éteindre vers 1865.

IV. Les forges et martinets de Pont-de-Bens.

Vers 1450, un marchand d'Allevard, nommé Nicolas des Saints, construisit sur la frontière savoisienne, à Pont-de-Bens, non loin d'Arvillard et à une demi-heure de la Chapelle-du-Bard, un martinet appelé « *de Bens* », du nom de la rivière qui traverse ce hameau.

François Pison du Galland, conseiller au Parlement de Grenoble, dans le récit de son voyage dans la Tarentaise, en Savoie, etc., en 1788, dit en parlant de Pont-de-Bens : « On voit quantité *de forges ou mar-*« *tinets* dispersés çà et là, soit dans le hameau mê-« me, soit aux environs, et les propriétaires de ce « commerce de fer, qui sont presque tous du lieu « d'Arvillars, passent pour très entendus, laborieux « et commodes. »

En 1850, M. Prosper Leborgne se rendit acquéreur de ces forges et martinets et s'y livra à la fabrication du fer, par la méthode comtoise, et à celle des pelles en fer forgé. En 1875, il abandonna la fabrication du fer pour s'adonner spécialement à celle des outils de taillanderie.

A l'heure où j'écris ces lignes, les forges de Pont-de-Bens sont en pleine activité et exploitées avec succès par le petit-fils de leur fondateur, M. Leborgne, ingénieur de l'Ecole centrale et métallurgiste distingué.

Elles fabriquent principalement les outils destinés à l'agriculture (bêches, pelles, socs de charrue, versoirs et tous autres outils aratoires), et les outils pour mines, carrières, chemins de fer et travaux publics (pics, pioches, masses, leviers, etc.)

Elles possèdent une trentaine de marteaux à came actionnés par une force hydraulique de 600 à 800 chevaux, empruntée aux eaux du ruisseau Le Bens et emploient près de 200 ouvriers taillandiers.

Leur production annuelle est de cinq cents tonnes environ d'outils d'agriculture et de terrassement qui doivent la réputation incontestable dont ils jouissent à l'emploi de matières premières de qualité supérieure et aux soins de la fabrication.

CHAPITRE III

Les anciens fourneaux et martinets à fer de la Grande-Chartreuse et du Triéves

I. Le fourneau et les martinets du Désert. — Les Mines de Bovinant. — Le Haut Fourneau et les Forges de Fourvoirie. — Le fer de Chartreuse.

VERS le quatorzième siècle, les religieux de la Grande-Chartreuse exploitaient un fourneau (1) (*fornax*) et des martinets à *l'entrée du Désert*, *près de la porte du Pont, dans la direction du Sappey*. Ce fourneau était, sans doute, alimenté par les mines de *Bonviant* ou *Bovinant* (2) qui, raconte *Dorlandus*, dans sa Chronique cartusienne (*Dorlandi chronicon Cartusiense, 1608*), étaient ouvertes au temps où le R. Père Boson était général, c'est-à-dire de 1278 à 1313.

Ces mines sont probablement celles dont Villars fait mention dans son « *Voyage à la Grande-Chartreuse,*

---

(1) Ce fourneau appartenait encore, croyons-nous, à la classe des *fourneaux à masse* ou *Stuckofen*, dans lesquels le minerai était converti immédiatement en fer malléable (Méthode directe). Le Martinet est figuré sur les planches VI et VII de l'*Atlas des anciennes propriétés de la Grande-Chartreuse*, publié, il y a quelques années, par les Chartreux. Ces planches donnent une représentation du Charmant-Som.

(2) Montagne du Grand-Som.

le *8 messidor, an XII,* » quand il dit : « Un autre fait
« géologique bien surprenant, c'est que, parmi les
« couches de calcaire compact de la Grande-Char-
« treuse, se trouvent quelques filons de mine de fer
« carbonaté, *près la Bouvine,* à 1,600 mètres d'élé-
« vation; on y trouve même du manganèse !

« Ce phénomène assez rare, parmi les grandes mon-
« tagnes calcaires, semble les lier ou les rapprocher
« des montagnes primitives. A Alvar (*sic*), sur l'autre
« rive de l'Isère, à trois ou quatre myriamètres de la
« Chartreuse, se trouvent d'immenses filons de sem-
« blables mines. »

En 1650, les Chartreux construisirent un *haut fourneau* et des forges sur les bords du Guiers-Mort, au
hameau de *Fourvoirie.* L. de Manoël de Végobre (1)
nous les montre en activité, en 1781, dans les notes
qu'il a laissées d'une excursion faite par lui, de Chambéry à la Grande-Chartreuse, au mois de septembre
de ladite année.

« Dès que vous aurez, dit-il, dépassé ce hameau
« (Favory) (2), traversez la rivière sur le pont qui se
« présente pour examiner *les forges de fer* sur l'autre
« rive. Je ne crois pas, d'ailleurs, qu'il y ait rien
« qu'on ne voie dans d'autres forges. C'est au moyen
« d'une chute d'eau qu'on se procure de l'air pour les
« fourneaux. »

En l'an III, ces forges à fer qui avaient été confis-
quées aux Chartreux par la Révolution, en même
temps que leurs autres propriétés, appartenaient à la
Nation.

Un sieur Biron s'en rendit acquéreur en 1816. Il
répara le haut fourneau et le mit à feu pour y traiter

---

(1) Instructions pour la course à la Grande-Chartreuse. « An
nuaire Société des Touristes du Dauphiné », n° 14.

(2) Fourvoirie.

un tas considérable de minerais approvisionnés par les soins des Chartreux, mais que ceux-ci, dépossédés de leurs biens, n'avaient pu fondre. La première coulée eut lieu le 8 septembre 1816. La campagne du fourneau fut de courte durée, car le 3 janvier 1817 il était mis hors feu.

Forges et haut fourneau passèrent aux mains de M. Lavauden qui, en 1827, y construisit une *Forge Comtoise;* mise en activité dès 1828, elle consommait les fontes des hauts fourneaux de Rioupéroux et de Saint-Hugon, dont M. Lavauden était propriétaire, et une petite quantité de fontes de Bourgogne et de Franche-Comté. A M. Lavauden succéda la Société Charles Durand et Cⁱᵉ, qui construisit *3 feux Comtois,* surmontés par des fours à reverbère utilisant leurs flammes perdues et installa *des laminoirs* et des martinets pour fers fins et tôles. Elle adjoignit à ces forges une *clouterie mécanique* destinée à utiliser les rognures de grosses tôles. Cette société fit faillite et l'établissement fut vendu. Il y a une quinzaine d'années ces forges étaient exploitées par la Compagnie des Fonderies, Forges et Aciéries de Saint-Etienne (Loire).

On lit dans un mémoire présenté au Comité de Salut public, en 1794, sur les forges de Fourvoirie :
« Le mélange des charbons de sapin et de hêtre est
« absolument nécessaire pour l'activité du feu des
« fourneaux et pour conserver en même temps la
« ductilité du métal. Dans ces proportions, le charbon
« de sapin doit même dominer et entrer en plus
« grande quantité ; sans cela, on ne pourrait point
« couler et surtout on n'aurait que des fers de mau-
« vaise qualité, pendant qu'on en obtient d'excellents
« par le mélange des charbons. »

Plus loin : « On ne pouvait couler de la gueuse
« que tous les sept ans, par la difficulté des appro-
« visionnements ; car il n'y a point de mines à la

« Chartreuse; il faut les tirer d'Allevard, les con-
« duire par bateau jusqu'à Voreppe et, de là, à Four-
« voirie avec des chars. »

« Les Chartreux, dit le comte Villeneuve de Fla-
« yosc, ancien inspecteur général des mines, étaient,
« en Dauphiné, les meilleurs fabricants de fer. La
« marque du *fer de Chartreuse* était, sur le marché
« de Lyon, la première marque commerciale pour ce
« métal. »

Un religieux, qui portait le titre de *procureur des fabriques*, avait la gérance des martinets établis sur le Guiers et résidait à la Grande-Chartreuse.

II. — Les fabriques de fer de Saint-Michel-les-Portes (Trièves).

Il existait, au milieu du dix-septième siècle (1655), dans le vicomté de Trièves, à Saint-Michel-les-Portes, des fourneaux et martinets exploités par un sieur Reymond-Faure, dit Perier, marchand du lieu et où se traitaient les minerais de fer extraits des minières de Mens, sises dans le voisinage. Ces mines étaient ouvertes depuis peu de temps, croyons-nous. Car Chorier, dans son *Histoire du Dauphiné* (1661), dit, en parlant des mines de fer de cette province : « Les
« eaux de diverses fontaines apprennent par leurs
« qualités que le fer qui les leur a données n'est
« pas plus rare en Dauphiné que les autres métaux.
« En effet, *on en a découvert des mines, depuis quel-*
« *ques années, auprès de Mens, en Trièves.* C'est le
« païs des Tricoriens de l'ancienne géographie. »

En 1739, messire Daniel de Cosnac, évêque de Die et de Valence, et les coseigneurs du Vercors for-mèrent avec MM. les Présidents de Tencin et de Barral, une société d'exploitation des bois du Vercors pour la fabrication du fer aux martinets de la fabrique des Portes. Cette Société ajouta un martinet aux fourneaux et autres artifices qui y existaient déjà. L'exploitation de la fabrique des Portes dura jusqu'au 19 juin 1746.

CHAPITRE IV

Les hauts fourneaux éteints de l'Oisans, des vallées de la Romanche et de l'Isère, du Viennois. — Hauts fourneaux au bois. — Hauts fourneaux au coke.

---

1. — Les hauts fourneaux au bois d'Articol et de Rioupéroux. — Le haut fourneau à l'anthracite de Vizille.

HAUT FOURNEAU D'ARTICOL. — En amont du hameau d'Articol, non loin du village du Rivier d'Allemont, on observait encore, il y a près d'un demi-siècle, sur les bords de l'Eau d'Olle, les ruines d'un haut fourneau. C'étaient celles de l'ancien haut fourneau au bois d'Articol, dont les fontes à acier provenant du traitement des minerais de fer des mines du Mollard et d'Articol jouissaient, au siècle dernier d'une grande réputation.

En 1795, ce haut fourneau faisait partie des biens nationaux.

D'après la tradition, confirmée par les archives locales et la découverte d'anciens débris d'exploitations, déjà, sous les Dauphins, à l'époque où les fourneaux d'Allemont traitaient les minerais des fameuses mines de Brandes, Articol possédait un fourneau à fer.

HAUT FOURNEAU DE RIOUPÉROUX. — Ce haut fourneau fut construit, vers 1824, par MM. Milleret et

Lavauden ; il était situé sur la rive gauche de la Romanche, près du torrent de Rioupéroux qui fournissait une des plus puissantes forces hydrauliques de nos contrées. Alimenté par les minerais spathiques de Vizille, St-Pierre-de-Mésage, Vaulnaveys-le-Bas, Articol, il produisait des fontes très estimées. Il consomma longtemps, comme fondants, des tufs de manganèse hydraté provenant des montagnes de Vaulnaveys et de la Grave.

Au haut fourneau était adjoint un cubilot de fonderie qui fournissait des moulages aux nombreuses fabriques et manufactures du bassin de Vizille.

Ce haut fourneau a cessé d'être exploité vers 1860. Sur son emplacement a été construite, il y a quelques années, une papeterie importante qui utilise les chutes de la Romanche.

Haut fourneau de Vizille. — En 1824 fut créée une Société anonyme, dite des *Fonderies de Vizille*, qui acheta à un sieur Boulon, notaire, propriétaire des carrières de gypse de Saint-Firmin, situées sur le territoire de St-Pierre-de-Mésage, ses carrières et ses chutes d'eau (écoulement des lacs de Laffrey). Elle construisit un haut fourneau pour y traiter les minerais du bassin de Vizille par les *Anthracites menues et friables de La Mure.*

Chargé, en 1826, de diriger les expériences de fusion à l'anthracite, M. E. Gueymard, ingénieur au corps des mines, à Grenoble, dit à ce propos, dans un *mémoire sur les combustibles fossiles de l'arrondissement de Grenoble* : « Je fis des essais pour « agglutiner les menus en mêlant de 90 à 95 d'anthra- « cite menu avec 10 à 5 de poussière de houille « grasse de la Loire. Je ne pus obtenir qu'un demi- « succès parce que je n'ajoutais pas assez de houille « grasse. » Après quatre années d'essais infructueux, malgré les espérances fondées sur les expériences de M. Tardieu, qui avait réussi à faire du coke avec un mélange de menus d'anthracite et de houille grasse, la Société fut obligée de liquider. M. Sappey, sénateur, vice-président du Conseil d'administration de la société, se rendit acquéreur des terrains de l'usine, des bâtiments de la fonderie et des carrières, et reprit l'industrie plâtrière.

Notons pour mémoire, en passant, l'ancien *haut fourneau de Saillant*, près Vif qui, en 1795, appartenait à La Nation, et celui de *St-Barthélemy-de-Séchilienne* qui, en 1786, était exploité par Messieurs Hache du Mirail et Gautier-Descottes. Il y a une quarantaine d'années existaient encore, dans le pays de St-Barthélemy-de-Séchilienne, de nombreuses *fabriques de clous à la main ;* composées d'une petite forge dont le soufflet était mis en mouvement par l'eau dérivée d'un ruisseau, elles occupaient chacune un ou deux hommes ; le feu était alimenté par de l'anthracite que l'on extrayait dans le voisinage. Cette industrie locale a dû disparaître devant sa rivale, la clouterie mécanique.

II. — La fonderie de canons de Saint-Gervais. — Hauts fourneaux de Saint-Vincent-de-Mercuze, de Brignoud, du Sonnant d'Uriage.

Haut fourneau de Saint-Gervais. — Située sur la rive gauche de l'Isère, à 35 kilomètres de Grenoble, près la route départementale de Grenoble à Valence, canton de Vinay, arrondissement de Saint-Marcellin, la fonderie de Saint-Gervais fut créée, en 1610, par la Présidente de Saint-André, marquise de Virieu.

Elle portait le titre de *Fonderie Royale de Canons*, et était alimentée par les mines de fer d'Allevard.

Exploitée pour le compte de l'Etat jusqu'en 1762, elle fut cédée, en 1764, à une compagnie particulière qui la conserva jusqu'en 1788.

En 1794, elle devint propriété de la Nation et servit à l'approvisionnement de l'arsenal maritime de Toulon ; elle comprenait alors : 2 hauts fourneaux au bois, 2 fours à reverbère pour deuxième fusion, 1 atelier de moulage, 1 forerie.

En 1864, la fonderie qui portait le nom de *Fonderie Impériale de la Marine* approvisionnait les arsenaux de Toulon, Brest et Cherbourg ; elle fabriquait annuellement 300 canons de fonte de fer.

Vers 1866, le haut fourneau ne faisait plus que des campagnes intermittentes. La cherté des minerais qu'il consommait, cherté causée par son éloignement des mines, la substitution de l'acier à la fonte, dans la fabrication des bouches à feu, provoquèrent sa mise hors feu, peu de temps après. En 1877, on procéda à la mise en vente des immeubles.

C'est par le col de Toutes-Aures que passaient, venant par la ligne du chemin de fer de Saint-Rambert à Rives, les houilles de la Loire destinées à la fonderie, et qu'étaient transportés à St-Etienne-de-St-Geoirs, pour y être chargés sur wagons, les canons usinés, à destination des arsenaux maritimes.

La fonderie de Saint-Gervais avait dû sa création, disons-le, à la réputation que possédaient, comme *fontes à canons*, les fontes grises et truitées fabriquées avec les minerais spathiques des Alpes ; elles étaient douées, en effet, d'une résistance considérable à la rupture.

Nous signalerons, pour terminer, les anciens hauts fourneaux au bois, aujourd'hui disparus, de *Saint-Vincent-de-Mercuze* et *du Sonnant* (1).

Le premier, situé près du Touvet, sur la rive droite de l'Isère, était exploité, vers 1795, par M. de Marcieu ; le second, construit près Saint-Martin-d'Uriage, à l'ex-

---

(1) Ces hauts fourneaux étaient à forme bergamasque.

trémité de la pittoresque combe du Sonnant d'Uriage, appartenait à M. Treillard; son nom figure dans les statistiques des usines à fonte du groupe des Alpes, dès 1795, à côté de celui de Saint-Vincent.

HAUT FOURNEAU AU BOIS DE BRIGNOUD. — Il n'existe plus aujourd'hui, dans la vallée de l'Isère, qu'un haut fourneau, celui de *Brignoud*, dont l'origine est également très ancienne; il est, dans la région dauphinoise, le seul survivant des hauts fourneaux au combustible végétal.

Situé dans une gorge boisée, sur la rive gauche de l'Isère, non loin de la ligne du chemin de fer de Grenoble à Chambéry, il est exploité actuellement par Mme veuve Gourju, propriétaire des forges et aciéries de Bonpertuis, dans la vallée de la Fure.

Il consomme exclusivement des minerais spathiques d'une grande pureté, dits *Maillats rouges bruns*, tirés des montagnes de Theys et d'Allevard, et produit 15 à 20 tonnes de fontes fines, à l'air chaud, par vingt-quatre heures. Ces fontes au bois sont spécialement utilisées par les forges de Bonpertuis, pour la fabrication de leurs aciers fins, qui jouissent d'une réputation traditionnelle sur le marché sidérurgique.

Le haut fourneau de Brignoud était déjà exploité par M. Gourju père, en 1858.

Voici ce que nous lisons dans une « *Excursion aux Sept-Laus* » par Jules Taulier. *Revue des Alpes, 1858* :

« On commence par gravir la montagne des
« Ramiettes (de Theys à La Ferrière) où se trouvent
« à divers endroits des fosses d'où l'on extrait du
« minerai de fer et des fours qui servent à griller ce
« même minerai, dont on remplit des sacs de cuir.
« Ces sacs sont ensuite transportés à dos de mulets
« au haut fourneau de Brignoud, appartenant à
« M. Gourju, maître de forges. »

III. — Les hauts fourneaux au coke de Vienne et de Pont-Evêque.

Il importe de citer, bien que n'appartenant pas au groupe proprement dit des Alpes, les *hauts fourneaux aujourd'hui éteints de Vienne et de Pont-Evêque.* Construits vers 1819, ces fourneaux traitaient au coke de Rive-de-Gier (Loire) les minerais oolithiques de Serrières ou Saint-Quentin (Isère), en mélange avec des minerais grillés de La Voulte (Ardèche), des minerais en grains des environs d'Autrey (Haute-Saône) et des scories de forges de Rives.

En 1840, M. Frèrejean, propriétaire de ces deux hauts fourneaux, construisit une *forge Comtoise,* à Pont-Evêque. Son usine comprenait alors : 1 haut fourneau au coke, des fours à puddler et à réchauffer, 1 feu d'affinerie à la Comtoise, des fours à tôle et des ateliers pour le raffinage et le laminage du cuivre (1).

C'est lui qui, dès le mois de juin 1843, employa d'une manière suivie *les gaz de son haut fourneau pour alimenter un four de mazerie.*

Non loin de Vienne se trouve *le haut fourneau de Chasse (Isère),* appartenant à la Société des forges et aciéries de Saint-Etienne. Ce haut fourneau, situé sur les bords du Rhône, en face de Givors, fabrique actuellement, avec des minerais Méditerranéens (Espagne, Algérie), mélangés à des minerais indigènes, des fontes fines au coke.

---

(1) En 1863, l'usine de Pont-Evêque (Harel et C*), comprenait : deux hauts fourneaux, vingt fours à puddler, dix fours à réchauffer et un feu Comtois pour traiter au bois des fontes au bois de diverses provenances (Franche-Comté, Champagne, Savoie) ; elle était outillée pour produire, par mois, environ *mille* tonnes de fers finis.

CHAPITRE V

Les anciennes aciéries au bois de l'Isère

1. Les Feux Rivois. — La Forêt de Bièvre. — La Fure. — Les Épéeries et Fabriques de lames d'Alivet, de Renage et de Beaucroissant. — Les Aciéries de Bonpertuis.

C'EST dans le Rivois, à Renage ou à Alivet, que s'établirent dès le xie siècle, suivant M. Pilot, au xiie, suivant MM. Perrin-Dulac et Hector Blanchet, les premiers *ouvriers tyroliens* qui introduisirent les méthodes de fabrication de l'acier au bois dans nos contrées dauphinoises. Ces ouvriers s'appelaient *Charvet;* ce nom est encore porté, de nos jours, par plusieurs familles du pays.

Des titres latins du xiiie siècle, indiqués par M. Gustave Vallier, signalent des fabriques d'épées, de lames et de dards, en pleine activité, établies au quartier de la Liampre, c'est-à-dire au Bas-Rives. M. G. Vallier cite ce fait curieux que le métier de forgeron était, de temps immémorial, héréditaire dans les familles issues de ces premiers ouvriers; les ouvriers de Renage n'employaient volontiers, comme apprentis, que les jeunes garçons qu'ils appelaient des *bouts de barre,* c'est-à-dire des fils de forgerons; si quelque apprenti étranger venait à se glisser parmi eux, ils le désignaient sous le sobriquet de *Vaudois* et n'avaient pour lui aucune complaisance; en butte à leurs vexations, il était réduit à quitter l'atelier ou à apprendre son métier par lui seul.

Ces fabriques devinrent plus nombreuses et plus importantes, lorsqu'en 1339, Humbert II, ayant fondé une Université à Grenoble, publia cette singulière ordonnance (1) dans laquelle, considérant que « *le froid est l'ennemi des fonctions de l'intelligence* » et voulant que les professeurs et étudiants puissent se chauffer à bon marché, il prescrivait la démolition, dans toute la vallée du Grésivaudan, avec défense d'en établir, depuis Bellecombe jusqu'à Voreppe, des martinets à forger le fer et des fourneaux à faire le charbon *(charbonnerias)*, « ces fourneaux étant, disait-il, des abîmes de forêts, des gouffres voraces de bois : *cum sint vorago nemorum et lignorum.* »

« Sachez, écrivait-il à ses officiers de justice, que notre patrie a été considérablement détériorée et débilitée par la coupe des bois, à cause des martinets.... *Scito informatione fide digna quod, propter martinelos antea factos in Graisivaudano, patria est deteriorata plurimum et debilitata nemorum scissione ..*

Les forgerons émigrèrent en masse sur les bords de La Fure, dont les eaux passaient pour être très favorables à la trempe de l'acier; en même temps qu'ils y trouvaient la force motrice nécessaire pour activer leurs artifices, ils trouvaient, à proximité, le combustible végétal, en abondance, dans la vaste forêt qui couvrait de sa puissante et sauvage végétation la

---

(1) Cette ordonnance fut réitérée par le même prince, l'année suivante et en 1346 par le régent Henri de Villars.

En 1360, les Consuls de Grenoble s'opposèrent à la construction de deux martinets ; l'un sur la Vence, l'autre sur le ruisseau du Rivalet, séparant le territoire de Grenoble de celui de la Tronche ; ils firent un procès aux religieuses de Montfleury pour les forcer à démolir un martinet qu'elles avaient fait construire.

plaine de Bièvre. Cette forêt était désignée, dans des actes de 1396 cités par M. Vital Berthin, avec le qualificatif : « *Spatiosa et magna* » ; peu à peu éclaircie par les coupes de la forgerie, elle disparut dans le courant du xvii° siècle.

Les forges du Rivois furent converties en *fabriques d'épées*, sous Charles VIII, qui avait besoin de bonnes lames pour tenter la conquête du royaume de Naples. Ces épéeries se multiplièrent plus tard pour réparer les pertes de François Iᵉʳ sur les champs de bataille d'Italie.

Renommées pour la qualité de leurs aciers et la bonne trempe de leurs épées, les forges de Rives devinrent très florissantes pendant le xvᵉ et le xviᵉ siècle.

Par un acte de 1415, Pierre de Bellegarde obtint l'autorisation de faire bâtir un martinet, sur La Fure, au Gaz de la Géline, à la condition qu'il ferait construire un pont en pierre qui sert aujourd'hui au passage de la route de Rives à Vourey.

En 1419 et 1446, Beauregard et Berthon, de Rives, firent bâtir des forges.

En 1516, noble Étienne de Gauteron albergea les eaux de La Fure, depuis Hurtières jusqu'à l'Isère, pour y établir des fabriques.

En 1530, Bouilloud, capitaine châtelain de Rives, obtint l'autorisation de faire bâtir, dans le Pré du Roi (à la Liampre), sur la Fure, une fabrique d'épées, de sabres, de morions et autres armes et harnais de guerre.

Le même Jean Bouilloud obtint, en 1540, de la Chambre des Comptes, l'autorisation de faire bâtir, sur La Fure, un martinet à laiton et à cuivre.

En 1561, Antoine Besson, seigneur, albergea à Jean Bouilloud, de Château-Bourg, écuyer et châtelain de Rives, les eaux du Réaumont, et autorisa la construction de tous les bâtiments nécessaires à une forge à fer ou à acier.

A Beaucroissant, commune de Rives, existaient aussi, au commencement du XIVe siècle, des forges et martinets.

Lorsque le dauphin Humbert II confirma, par ses lettres patentes du 4 janvier 1343, les privilèges que Guy de Tullins avait accordés en 1312 aux habitants de Beaucroissant, il les exempta en même temps des droits de pontonnage, de péage, de gabelle et de leyde, pour le service de leurs usines. Néanmoins, il fut fait opposition, de la part des Receveurs Delphinaux, pour le transport des produits de leurs martinets se dirigeant vers Lyon.

La Cour du Parlement, informée de ce fait par les soins du sieur Martinon, rendit un arrêt en décembre 1586, par lequel elle autorisait les habitants de Beaucroissant à jouir librement de leurs franchises, pour le transport de leurs fers et aciers, sauf à payer les impôts sur les autres mandements où ils passeront pour aller à Lyon.

A la fin du XVIIe siècle, la métallurgie du fer et de l'acier en Dauphiné continuait à prospérer.

Voici ce que disait Etienne Bouchu, intendant de justice, police et finances, en Dauphiné, de 1686 à 1705, dans un mémoire intitulé : *Le Dauphiné en 1698* : « On remarque les forges d'Allevard, Hur- « tières, Saint-Hugon, Theys, Goncelin, La Combe et « Uriage ; les fabriques d'acier de Rives, Moirans, « Voiron, Fures, Beaucroissant et Vienne ; enfin, les « fabriques de lances et d'épées de Rives, Beaucrois- « sant, Tullins et Fures. »

Le même, s'alarmant du déboisement de nos montagnes, écrivait : « Le désordre sur ce point a été « poussé, en Dauphiné, plus loin que dans aucune « autre province, à cause des forges du Dauphiné, des « manufactures d'acier, d'ancres, de lames et d'épées « et de toute autre espèce. »

Au XVIIe siècle, un voyageur prussien, Abraham

Golnitz, dans un ouvrage intitulé : *Le Dauphiné et la Maurienne au XVIIe siècle*, signalait les fabriques de lames et d'épées de Rives, où, disait-il, « les ouvriers ne gagnaient que *15 sols par jour.* »

En 1701, les commissaires nommés pour l'établissement de l'assiette de la taille dans la province disaient dans leur rapport : « Il y avait aussi une « fabrique de lames d'épées qui occupait 20 usines « et qui faisait vivre 300 personnes ; cette industrie « n'existe plus dans la Communauté ; elle a été portée « à Saint-Etienne, dans le Forest » (1).

Par contre, en 1730, l'intendant de la province du Dauphiné, Fontanieu, faisait remarquer, dans un Mémoire manuscrit, « qu'il existait encore, à Beaucroissant, des « fabriques d'acier et de lames d'épées ».

« Suivant M. G. Vallier, les dernières épéeries furent celles d'Alivet, qui cessèrent d'exister en 1709, époque où des querelles ayant éclaté entre forgerons et taillandiers, ceux-ci battirent les premiers et les forcèrent à quitter le pays.

Un rapport de 1790, sur les usines du canton de Rives, dit qu'il existe 2 tanneries, 16 grosses forges fabricant de l'acier, dont 4 chôment à cause de la rareté et de la cherté du charbon. Il y a en outre 2 cuivreries et 2 taillanderies.

A l'époque de la première Révolution, le département de l'Isère possédait *28 aciéries.*

Le Comité de Salut Public écrivit, le 28 septembre 1793, aux officiers de la commune de Rives pour les engager à produire le plus possible d'acier, pour approvisionner les fabriques d'armes de guerre de la République, qui avait alors à lutter contre toutes les monarchies coalisées d'Europe. Il chargea, en même temps, Claude Blanchet aîné de faire l'achat de tous

---

(1) Origine de la manufacture d'armes de Saint-Etienne.

les aciers que pourraient produire les forges de Rives
et de ses environs.

Un arrêt du Conseil d'Etat rappelant la fondation,
en 1540 et 1548, de forges consistant en fourneaux,
martinets à acier, cuivre ou laiton, confirme un
nommé François Teillard, dans la propriété des forges
de la Liampre.

En 1814, les aciéries de l'Isère étaient distribuées
comme suit :

	ACIÉRIES	FEUX
Rives.....	4	4
Renage.	8	10
Bonpertuis..............	2	2
Voiron.................	3	3
Tullins.................	1	1
Trelins	1	1
La Sône................	1	1
Pérouzet	2	4
Réomont........	1	1
Vienne.................	2	2
Estrablins	1	1
Septême	1	1

On faisait *3 cuites* par semaine; chacune durait
30 heures et donnait *7 ballons d'acier* ou *700 livres* (1).

Un jour vint (1830) où les forêts épuisées, malgré
les coupes réglées auxquelles de sages mesures les
avaient enfin soumises, commencèrent à ne plus suf-
fire à la consommation toujours croissante des usines
Rivoises; la métallurgie de l'acier au bois se vit un
moment comprimée dans son essor et bientôt menacée même dans son existence. Le département de
l'Isère était-il condamné à perdre une industrie qui
livrait annuellement pour *plus d'un million de francs*

____

(1) Livre, poids de Marc. Elle valait une livre et quart.

d'acier aux manufactures d'armes royales, aux carrossiers, aux couteliers et à l'agriculture ?

Il fallut l'introduction (1838), dans le travail primitif des feux Rivois, d'une nouvelle pratique qui réduisait à moitié la dépense de charbon de bois, pour sauver cette industrie et assurer à notre pays la conservation de cette source de la richesse publique. La pratique nouvelle, dont le succès technique fut pleinement consacré par les essais faits à l'époque, consistait, on le sait, dans *la substitution de la houille au charbon de bois pour le réchauffage des lopins ou massels avant leur étirage au marteau ou au laminoir.*

Il y a une trentaine d'années (1867), le canton de Rives ne possédait plus, comme représentants de son antique industrie, que quelques établissements parmi lesquels on remarquait :

1° *L'aciérie du Guas* (Veuve Isidore Charvet et fils).

2° *L'aciérie d'Alivet* (Poncet et Broquis), fabriquant, par la méthode Rivoise, avec les fontes du groupe des Alpes, des aciers naturels, bruts, corroyés et raffinés, étirés au marteau. L'aciérie du Guas produisait quelques aciers fondus.

3° *Les aciéries de Bonpertuis* (Alphonse Gourju) fabriquant : 1° des aciers naturels affinés au charbon de bois, corroyés et fondus, avec les fontes du haut-fourneau de Brignoud et avec des fontes des usines de la Loire et du Midi, par un procédé analogue au procédé Tyrolien. — 2° Des aciers puddlés provenant du traitement de fontes au bois. Ces aciers des Alpes (1) que leur qualité faisait rechercher, surtout pour la Taillanderie, les outils d'agriculture et la fa-

---

(1) Entre 1853 et 1860, *la production en acier de forge,* dans le département de l'Isère, a varié de 16,000 à 20,000 quintaux métriques.

brication des ressorts étaient cotés, en 1867, de la façon suivante :

Acier naturel brut, premier choix. 75 fr.
Acier naturel brut, second choix. 60 fr.

Aujourd'hui l'étroit vallon de la Fure ne retentit plus, comme jadis, des mille bruits de la forge et du choc sonore des marteaux sur l'enclume des affineurs ou des taillandiers ; les eaux rapides de la Fure (1) prêtent leur force à des industries plus silencieuses, assises sur ses bords, papeteries, tissages de soie, etc.

Les seules aciéries survivantes sont *les aciéries de Bonpertuis*. Elles comprennent : *4 fours à puddler, 3 marteaux-pilons, 2 trains de laminoirs, une fonderie, système Siemens, pour l'acier fondu au creuset, 1 four de cémentation, plusieurs batteries de marteaux* (martinets du type Catalan), *pour dégrossissage, étirage et corroyage de l'acier.*

A 3 kilomètres de Bonpertuis, sur le cours de la Fure, est installée une autre usine dépendant des aciéries, dite *usine du Rivier* et spécialement affectée à la fabrication des outils d'agriculture (socs, versoirs de charrues, etc.) en acier naturel et en acier fondu au creuset.

Les aciéries de Bonpertuis fabriquent également les outils pour l'industrie, tels que : masses, marteaux, pics, pioches, etc. Leurs produits jouissent, nous l'avons dit, d'une réputation traditionnelle sur le marché des aciers ; elle leur a été acquise par la qualité supérieure des minerais qu'elles exploitent, dans le bassin de Theys, et traitent à leur haut fourneau de Brignoud et par les soins apportés dans la

---

(1) Il y a près d'un demi-siècle, la Fure, du lac de Paladru où elle prend sa source, jusqu'à Tullins, où elle se jette dans l'Isère (22 kilomètres), mettait en activité 193 moteurs, dans 75 usines diverses.

fabrication, pour maintenir la régularité de ces produits.

Signalons, cependant, parmi les usines encore en activité, qui, jadis, faisaient partie de la ruche métallurgique du pays Rivois, les *aciéries de M. Tournier et celles de M. Réveillet*, sises toutes les deux sur les bords de la Fure, l'une à *Grand-Hurtière* et l'autre à *Petit-Hurtière*.

II. Aciéries et taillanderies du vallon de la Morge (1), du Grand-Serre. — Forge Catalane de Pérouzet. — L'aciérie Chenot de Pontcharra.

En 1850, on pouvait voir, en pleine activité, dans les gorges pittoresques et industrielles de la Morge, une aciérie importante et une taillanderie qui produisaient d'excellents outils destinés spécialement aux usages agricoles.

Vers la même époque existaient *au Grand Serre*, chef-lieu de canton de l'arrondissement de Valence, *une aciérie et son martinet*, où se fabriquaient également des instruments aratoires.

FORGE CATALANE DE PÉROUZET. — Etablie en 1819, dans le hameau de Pérouzet, dépendant de la commune de Saint-Clair-sur-Galaure, aux confins des départements de l'Isère et de la Drôme, cette forge était alimentée avec les minerais de Vizille et d'Articol. Elle ne travailla que quelques mois, à cause des difficultés et de la cherté des transports des minerais.

____

(1) La vallée de la Morge est située entre la colline, sur le versant méridional de laquelle est bâti Voiron, et la montagne de Vouise.

Usine de Pontcharra. — En 1856, une usine fut montée, à Pontcharra, pour la fabrication *de l'acier fondu par le procédé Chenot*, c'est-à-dire par la méthode directe, au moyen des minerais. Comme les autres usines d'essais de Clichy, Hautmont, Couillet, etc , l'usine de Pontcharra se vit obligée, après une courte période de marche, d'éteindre son fourneau de réduction ; là, comme ailleurs, la pratique n'avait pu consacrer la valeur industrielle de la nouvelle méthode.

III. Les eaux de la Gère (1) et la trempe de l'acier. — Les épées de Vienne.

La trempe du fer et de l'acier a été connue, on le sait, dans les temps les plus reculés et, pendant longtemps, l'eau froide a été considérée comme le milieu réfrigérant le plus efficace et l'agent le plus actif de la trempe. Bien plus, la nature de l'eau qui servait de bain était regardée comme exerçant une grande influence sur la bonté de l'acier. Pline pensait que la bonne qualité de l'acier norique, si estimé chez les Romains, et celle des épées des Celtibériens était due principalement *à l'eau* dont on se servait pour *la trempe.*

Cette antique croyance à la secrète vertu de certaines eaux, pour la trempe de l'acier, était encore très populaire chez nos premiers affineurs dauphinois.

C'est ainsi qu'ils attribuaient, les uns aux eaux du

______

(1) La Gère prend sa source dans les bois de Bonnevaux et se jette dans le Rhône, à Vienne, qui doit sa prospérité et son importance industrielle à cette petite rivière dont les eaux font mouvoir une multitude d'usines (moulins, papeteries, foulons, tanneries, etc.).

Bréda, les autres aux eaux de la Fure, le don de communiquer à l'acier des propriétés merveilleuses.

D'après *Aymar du Rivail (Histoire des Allobroges)*, les eaux de la Gère étaient utilisées pour la trempe « *de bonnes épées de guerre qui se vendent aux braves.* »

Chorier, dans son *Histoire générale du Dauphiné*, dit que l'utilité et l'usage de ses eaux lui acquit alors le nom de *Sacrée* (ιερα). « D'ailleurs, la secrette vertu « qu'elle a pour la trempe du fer et de l'acier a quel- « que chose de divin, surtout dans une nation guer- « rière. Les Druides qui estudiaient les secrets de la « nature n'ignorèrent pas cette propriété et sans « doute ils en rendirent la connoissance publique. « Ne serait-ce point par cette raison que les Gaulois « Senonois, auxquels se joignirent les Allobroges, « allans à la conqueste de l'Italie, s'arrestèrent dans « Vienne? Ils y érigèrent un temple à Mars, après y « avoir receu, comme des mains de ce Dieu, un pré- « sent propre à leur dessein, c'est-à-dire de bonnes « espées. Peut-estre que dès lors elle eut le tiltre de « rivière sacrée que les Romains ont eu d'autant « moins de sujet de lui oster, qu'ayant esté convertie « au service des temples et des jeux publics, elle « estait devenue plus sacrée dans leur religion.

« Ce n'est pas d'aujourd'hui que les espées qui se « font dans Vienne sont en estime. L'autheur du « roman de Girard de Rossillon le témoigne quand il « dit que Renier, ayant à combatre l'Alleman Geof- « froy, en avait une qui y avait esté faite. »

Fors sol Renier li chevalier cortois
Qui s'en arma contre li Demanois (Danois)
Et laisse corre li dexter Nerbonnois
Si l'en feri de l'espie Viennois ;
Nel garenti ne arme ne conrois,
Mort l'abbati del bon dexter norois. (Cheval noir).

CHAPITRE VI

La Métallurgie du Fer dans les Hautes-Alpes

I. La fabrique de fer de la combe du Guil. — Les fourneaux et martinets à fer de Durbon et du Valgodemar. — Taillanderies et martinets. — La fonderie de canons de Gap.

LA FABRIQUE DE FER DE LA COMBE DU GUIL. — En 1311, Jean Dauphin de Viennois, comte d'Albon, passe *albergement* à Isnard des Isnards, du Château-Queyras et lui concède la liberté de construire, dans la *combe du Guil* (1), sur le territoire de la commune d'Arvieux, au lieu dit *La Fusine*, près du torrent du Colombet, affluent du Guil, une fabrique de fer comprenant deux fourneaux et autres artifices nécessaires *(unam ferreriam ad duos focz seu ad duos ignes et duos fornellos cum quatuor bosiis et duobus encludiis ferreis et duobus mallis).*

Isnard pouvait chercher et extraire le minerai de fer, sur les territoires de *Pont* ou de *Bellins*, dans la vallée de Château-Dauphin et autres lieux de la Châtellenie du Queyras. Il avait toute faculté pour faire des fouilles, extraire et transporter le minerai *(ipsam menam extrahat et extrahi faciat et crosum facere ad ipsam inveniendam et etiam exercendam et eam aducere et aduci facere ad dictam ferreriam).*

Il avait l'usage de la forêt du lieu de la Colombe

---

(1) On l'appelle aussi combe du Véyer, combe de Guillestre, combe du Queyras.

de Montbardon et de Riou-Sec pour y faire le bois et
le charbon nécessaires à l'alimentation des feux de
ses fourneaux *(ligna seu nemus scindere, apportare
et apportari facere et carbonem facere et adducere...,
ad fabricandum, conficiendum et etiam ad faciendum
ferrum).*

Il jouissait du droit de vendre ses produits fabriqués, soit dans les terres du Dauphin, soit dans celles
de l'archevêque d'Embrun, et pouvait effectuer ses
transports, francs de toute charge de *leyde* (1) ou
de péage, du Queyras à Embrun *(a Cadratio usque ad
Ebredunum et etiam in Ebreduno, quod libere et
absque aliquibus pedagiis, leydis, etc..., adduci et
deportari possit).*

Il était exempt, lui et les siens, de tout service et
de tous impôts ou subsides, à l'exception de la *taille
comtale* (2). *(Isnardus et sui liberi, quitti et immu-
nes et omni cavalcata (3) et aliis quibuscumque tal-
liis, excepta tallia comitali).*

Chaque année, à la fête de la Purification de la
Vierge, il devait payer au Dauphin ou à son châtelain
du Queyras la somme de 25 florins d'or fin *(promisit
et convenit nobis et nostris dare et solvere cetero, an-
nis singulis, in festo Purificationis Beate Marie, vel
Castellano nostro Cadratii, viginti quinque florinos
auri fini).*

En 1313, le dauphin Jean II confirma à Isnard des
Isnards l'albergement de la fabrique de fer fait par

---

(1) *Leyde,* droit qui se levait sur les choses et particulièrement sur les marchandises vendues.

(2) *Taille comtale,* taille delphinale ou tribut dû au Dauphin, comme comte de Vienne.

(3) *Cavalcata,* chevauchée. Le Dauphin avait le droit d'ap-
peler ses vassaux pour le suivre à la guerre et dans ses voya-
ges.

ettres patentes de 1311 et exempta ses produits de tous droits d'entrée et de sortie (*remittentes omne pedagium et servitutem sire vectigal*); de plus, il l'autorisa à se servir, pour la vente de ses produits, de toute espèce de poids (*uti et ponderare pondere subtili de melle vel alioquocumque pondere*) pourvu que le poids employé fût légal (*dum tamen legale reperiatur*).

Après une exploitation de huit années, Isnard des Isnards vendit, le 13 janvier 1320, sa fabrique et ses dépendances à *Confortinus Semanis*, forgeron (*ferrarius*), du lieu de Saint-Eusèbe, mandement de Château Dauphin; celui-ci s'engagea à payer au Dauphin la redevance annuelle de 15 florins contractée par son prédécesseur.

La fabrique de fer de la Fusine, créée en 1311, fut abandonnée, paraît-il, vers le commencement du quinzième siècle.

D'après certaines versions, Confortinus Semanis, le nouveau propriétaire, renonça à l'exploitation de ces fourneaux à cause des frais dispendieux qui grevaient le transport des minerais qu'il tirait des vallées du Piémont et des difficultés de leur approvisionnement. Ces minerais, en effet, ne pouvaient se transporter qu'à dos de mulets, dans des *banates* et par le col Agnel, situé à une altitude de près de 2,700 mètres et impraticable, durant près de sept à huit mois de l'année, à cause des neiges.

Suivant d'autres écrivains, l'abandon de la Fusine fut dû à la destruction de la fabrique par une crue des eaux du Guil.

Cette dernière version nous paraît fondée, car, dans une requête, datée de 1411, que nous avons trouvée dans *l'Inventaire de la Chambre des Comptes du Queyras*, les héritiers d'Isnard exposent que « l'eau « du ruisseau du Colombet ayant été albergée par le

« Dauphin audit sieur Isnard, sous la cense de cinq
« florins gros, lequel y avait fait construire un artifice,
« appelé en l'acte *Fuscino*, lequel a été emporté par
« les eaux, ils demandent à être déchargés de la
« cense. »

Vers 1845 ou 1846, lors de l'ouverture de la route
départementale n° 4, du Plan de Phazy au Château
Queyras, autrement dite route de la Combe du Guil,
le pic des terrassiers a mis au jour les fondations de
vastes bâtiments, des vestiges de murs, des pierres
de taille et des amas de minerais et de scories.

Les ruines des fourneaux de la Fusine furent,
croyons-nous, restaurées vers la fin du XVIIe siècle,
L'Inventaire des archives de l'Isère signale un arrêt
de 1671 appointant le procès entre Louis Baudet,
secrétaire du roi, premier greffier civil en la Cour,
propriétaire *du fourneau à couler le fer, au lieu
d'Arvieu* et Pierre Perrot, bourgeois de Grenoble,
régisseur de ce fourneau.

LES FOURNEAUX ET MARTINETS A FER DE DURBON (1).

— Les Chartreux avaient établi des fourneaux, pour
le traitement des minerais de fer du Trièves, près de
leur couvent de Durbon, situé dans la commune de
Saint-Julien-en-Beauchêne (2) (Hautes-Alpes), vers
le milieu du dix-septième siècle. Les vastes forêts
de la région qui, aujourd'hui, appartiennent à l'Etat,
leur fournissaient le charbon de bois nécessaire à la
fusion et au forgeage du fer; le minerai provenait surtout des mines qu'ils avaient achetées aux environs
de Mens, à M.' de Blosset, en 1688.

Les transports se faisaient à dos de mulets. Des

---

(1) La Chartreuse de Durbon fut fondée en 1116.
(2) Ce surnom de « *Beauchêne* » vient du torrent de la vallée,
Le Buëch.

martinets furent installés par eux sur divers affluents du Buëch ; les eaux de ces torrents mettaient en activité le *Martinet de Rioufroid* (1), dit le *Grand Martinet*, celui de *Recours* (2) et celui dit *La Martinette*, voisin de celui de Rioufroid.

Les fabriques de fer de Durbon subsistèrent jusqu'à la fin du dix-huitième siècle.

Dans quelques chambres de l'ancien couvent les cheminées étaient garnies de plaques de fonte portant l'inscription : *ferrum Durboni*.

Le fer provenant des martinets de Durbon se vendait, à l'époque, dans le commerce, 2 sols 3 deniers la livre.

FOURNEAU ET MARTINET A FER DU VALGODEMAR. — Dans sa *Minéralogie du Dauphiné*, Guettard parle d'un *fourneau* et d'un *martinet* situés au confluent de la Severaysse et du Drac, près de la commune des Herbeys, en Valgodemar. Le fourneau recevait son minerai de Mens ; il était hors feu depuis 1757. Quant au martinet, Guettard le trouva en activité ; il tirait son fer en gueuse des hauts-fourneaux d'Allevard et de Saint-Gervais.

LE MARTINET DE SACHAS.— Etabli au petit hameau de Sachas, près du Villard-St-Pancrace, canton de Briançon, ce martinet appartenait au sieur Durand qui l'avait construit vers 1795. Créé d'abord pour la fabrication et la réparation des instruments aratoires, il entreprit ensuite la fabrication des pièces de serrurerie, des outils de taillandiers (fers de rabot, scies, ciseaux), des poëles de fonte pour le chauffage à l'anthracite ou au bois et des outils destinés aux usages

---

(1) Le martinet de Rioufroid fut établi en 1658.

(2) *Recours* est un hameau de la commune d'Agnielles, en Dévoluy. Le Martinet fut mis en activité en 1682.

de l'artillerie et au service des travaux de fortification de la place de Briançon.

Il se servait exclusivement, pour les feux de ses forges, de la braise des fours de la manutention de Briançon ; la rareté du bois (1) s'opposait au développement de son industrie.

M. Hericart de Thury fit faire, le 16 vendémiaire an III (1805), sous ses yeux, en présence du sous-préfet de Briançon et du maire du Grand-Villars, l'essai de l'anthracite, abondante dans la commune, pour forger et souder ; les expériences réussirent pleinement.

A cette époque, les manufactures d'Allemagne monopolisaient, de façon presque exclusive, la fabrication des faux et des faucilles ; la France était leur tributaire. Durand installa cette fabrication spéciale dans ses ateliers, moyennant un subside de 700 francs qui lui fut alloué par le ministre de l'intérieur. La nouvelle branche d'industrie se développa avec un certain succès ; ses produits devinrent fort appréciés. En 1806, à l'Exposition des produits de l'industrie française, à Paris, Durand obtint une mention honorable.

Le martinet de Sachas comprenait : 2 marteaux, dont l'un pesait 200 kilos environ, 2 trompes fournis-

---

(1) Fontanieu, nommé intendant du Dauphiné, en 1724, frappé de la dévastation des forêts et de la pénurie du bois dans cette province, provoqua des mesures de conservation, parmi lesquelles il plaçait en première ligne la réformation du régime des forêts. C'est probablement à ses démarches que doit être attribué un arrêt du Conseil d'Etat qu'il rapporte dans ses mémoires, arrêt qui ordonne « pour la conservation des bois « (du Briançonnais), dont l'espèce devient tous les jours plus « précieuse pour sa rareté.. .., que tous serruriers, maréchaux, « taillandiers, cloutiers et autres ouvriers qui travaillent en « gros fers dans l'étendue du Briançonnais, seront tenus de se « servir de charbon de terre, autrement dit houille, pour la « fabrique, construction et perfection de leurs ouvrages ; leur « fait Sa Majesté très expresses inhibitions et défenses de se « servir de charbon de bois, à peine de mil livres d'amende et « de confiscation des ouvrages fabriqués avec ledit charbon. »

sant le vent à ses forges, 1 meule et un polissoir mûs par l'eau.

Le Martinet de Chantemerle. — Au hameau de Fortville, dépendant de la commune de Briançon, sur la Guisanne, était aussi établi un martinet dit de *Chantemerle*, où l'on fondait des marmites de fer. Sa construction datait, comme celle du martinet du Grand-Villars, du commencement de ce siècle.

Le Martinet de Guillestre. — Il était situé sur les bords du torrent *Le Chagne*, vis-à-vis des ruines de l'ancien château-fort de Guillestre ; on y fabriquait des instruments d'agriculture.

Le Martinet de Gap. — Ce martinet, établi sur la Bonne, appartenait au sieur Arnoux ; il comprenait deux martinets, l'un de 90 kilos, l'autre de 70 kilos, mûs par une roue de côté. On y fabriquait des pelles à douille, des pioches, des railles ou socs de charrue, des haches, des tridents et des serpes.

Le Martinet du Rieutord. — Construit l'an XII par M. Rossignol, sur la rive gauche de la Luye, à 2 kilomètres au sud-est de Gap, il était exploité, vers 1830, par le sieur Carlhian. On y fabriquait des bêches, des pioches, des haches, des socs de charrue et autres instruments d'agriculture. Les vieux fers y étaient utilisés à la réparation et à la construction des outils de labour.

Le charbon de bois de hêtre de la forêt de *La Grangette* servit longtemps à l'alimentation des feux de ses forges ; la cherté toujours croissante de ce combustible végétal en fit abandonner l'emploi ; au charbon de bois fut substituée l'anthracite de Saint-Crépin.

Signalons enfin le *Martinet de Ribiers* ainsi que les martinets de la *Roche des Arnauds,* entre Gap et

Veynes, de *Veynes*, de *Saint-Firmin*, d'*Embrun* et du *Monestier-de-Briançon*, qui fabriquaient également des instruments aratoires, de taillanderie et de maréchalerie.

FONDERIE DE CANONS DE GAP. — Lesdiguières établit, à Gap, une fonderie de canons, dont il confia la direction à François Albert, de Saserano, ingénieur italien.

Le préfet de Ladoucette, que la question de l'utilisation des richesses minérales variées du département des Hautes-Alpes intéressait vivement, avait conçu l'idée de procurer à notre pays des praticiens habiles dans l'art de l'exploitation des mines, capables d'aider à la mise en valeur de ces ressources naturelles du sol. Grâce à ses démarches, il réussit à faire admettre à l'*Ecole de Pesey* (1), dirigée par M. Schreiber, deux élèves, l'un le sieur Queyrel, de Gap, l'autre le sieur Martin, de Puy-Saint-Eusèbe.

------

(1) En 1802, un arrêté des Consuls supprima l'Ecole des Mines de Paris, pour transporter l'institution en Savoie, à *Pesey*, dans le département du Mont-Blanc, où existait une exploitation de plomb argentifère. En réalité, l'Ecole fut installée à *Moutiers* et reçut la dénomination d'*Ecole pratique du Mont-Blanc*. M. Schreiber, le directeur, était l'ancien directeur des Mines d'argent des Challanches.

CHAPITRE VII

Les fabriques de fer du Royans et du Vercors (Drôme)

I. La fabrique de fer de la Chartreuse de Bouvante. — Les fourneaux et martinets de Saint-Laurent-en-Royans.

LA FABRIQUE DE FER DE LA CHARTREUSE DE BOUVANTE. — Vers le milieu du douzième siècle, les Chartreux avaient établi au village de St-Martin-le-Colonel, en Royans, non loin du monastère fondé par eux (1144), dans la gorge pittoresque du Val Sainte-Marie, sur le territoire de Bouvante (1), un fourneau à fer et des martinets.

Ils y traitaient les minerais de fer qu'ils tiraient des montagnes de Lente, couvertes d'épaisses forêts dont ils avaient l'usage pour y couper et *charbonner* les bois.

En 1783, la fabrique de fer du Val Sainte-Marie existait encore; dans un ouvrage ou il a consigné les observations faites par lui sur le *Blettonisme*, en Royannais, durant le mois de juin 1783, le docteur Nicolas, médecin dauphinois, dit, en effet, en parlant

---

(1) Bouvante, patrie de Barthélemy Bleton, fameux sourcier de la fin du 18ᵉ siècle; à 16 kilom. de St-Jean-en-Royans.

de la Chartreuse de Bouvante : « On arrive à cette
« maison par un ravin assez considérable qui fournit
« l'eau à une *fabrique de fer* que les Chartreux di-
« rigent avec l'intelligence et l'économie qu'on ad-
« mire dans l'administration de tous leurs établisse-
« ments. »

En 1790 les bâtiments de la Chartreuse furent ven-
dus comme bien national et démolis ; les fourneaux
furent éteints et abandonnés.

LES FOURNEAUX ET MARTINETS DE ST-LAURENT-
EN-ROYANS. — En 1672, les Chartreux de Bouvante
exploitaient des fourneaux à fonte et des martinets
qu'ils avaient établis à l'entrée du cirque de Combe-
Laval, près de St-Laurent-en-Royans. On en voit encore aujourd'hui les restes.

II. Les martinets à fer de la Bastie-de-Vercors et de Tourtres.

LES MARTINETS DE LA BASTIE-DE-VERCORS. — Le
10 mai 1480, Antoine de Balsac, évêque et comte de
Die et de Valence, seigneur de la vallée de Vercors,
donna « à priffaict, à honneste Guillieaume Michel, du
« lieu de la Bastie de Vercor, les bastimens et cons-
« truction d'un martinet à fabriquer fer, avecq pou-
« voir de faire tirer et charrier mines, charbonner les
« bois et généralement faire toutes choses nécessères
« pour le faict et comerce de ladite fabrique à fer. » Ce
martinet « après avoir esté exercé, durant plusieurs
« années, au grand advantage de l'Esglise, il serait
« arrivé par le malheur des guerres, maux conta-
« gieux et autres inconvénients, que ledit artifice et
« fabrique à fer auroit cessé et seroit tumbé en en-
« tière ruyne. »

LE MARTINET DE TOURTRES. — Ce martinet fut construit par les soins de l'évêque Daniel-Joseph de Cosnac et des sieurs de la Tour, de Lamorte et Malsang, coseigneurs du Vercors, ses associés, pour utiliser les bois de leurs forêts.

L'endroit choisi pour l'emplacement des feux et artifices propres au travail du fer était non loin de Tourtres, commune de St-Martin, près de la source du Doin, affluent de la Vernaison. Les travaux commencèrent au mois de septembre 1736.

Le 26 septembre 1737, le gérant, Pierre Calvinet, écrivait à l'évêque : « ... Votre Martinet commença « de travailler hier l'après-midi ; cet exprès vous re- « mettra une barre du premier fer... »

Les fourneaux de St-Laurent-en-Royans et de St-Michel-les-Portes fournissaient la gueuse au martinet de Tourtres. Le 17 décembre suivant, l'évêque qui, désireux de s'affranchir du tribut onéreux qu'il payait à ces fabriques, avait sollicité du Roi l'autorisation d'adjoindre un fourneau à son martinet, obtint un arrêt du Conseil, d'après lequel le Roi, « vu l'avis du subdélégué et du Grand Maître » permettait la construction du fourneau et de deux autres martinets.

En mars 1738, Calvinet fut déchargé de la gérance ; Pierre Morand, « natif de Ville-Varlouise » fut nommé commis général aux martinets de Tourtres.

Dès lors, les montagnes du Vercors furent activement explorées et fouillées, leurs minerais de fer essayés.

Le 8 août 1739, Morand écrivait à l'évêque : « Cha- « laboud remettra à votre Grandeur une petite barre « de fer de la *mine du Briac*. Le ferrier en a fait une « *sapine* qui a souffert parfaitement bien *l'escartage*. « Je le crois beau et bon. La petite coulée qu'on fit « pour éprouver ladite mine a produit en tout 48 li- « vres de fer net. »

Le 16 du même mois, le même écrit que « le mineur
« d'Alvard a trouvé *chez Canard*, ou autrement *aux*
« *Ruques*, distant du martinet de la portée de deux
« coups de carabine, un filon apparent qu'il soutient
« y avoir de mine pour trois ou quatre places de mi-
« neurs. Il en a trouvé au *collet de Combe-Noire*, du
« cotté du couchant, un autre très bon, à ce qu'il dit ;
« et en a trouvé aussy aux *Scyes*, au fons de M. Mal-
« sang cadet, qu'il dit y avoir de *marquisetté* (1),
« c'est-à-dire une mine mêlée de cuivre et de fer qui
« ne peuvent pas compatir ensemble, parce que le
« cuivre empêche le fer de souder. Il a veu et vé-
« rifié le filon de *Derbounouse;* il trouve la mine
« très dure et riche... »

Le 13 septembre suivant, Morand dit au prélat :
« ... On a commencé chez Canard ; le filon qu'on
« suit s'augmente peu à peu. Je souhaite qu'on arrive
« bientôt au tronc ; on y faira deux ouvertures ou
« fosses, et dès qu'on aura de la mine pour en faire
« une petite fournée de chaque fosse, on en fera l'es-
« preuve. »

« Si Rambaud vient, je le feray travailler à la fosse
« du Briac, parce qu'elle me paraît plus difficile, at-
« tendu que le filon se perd de temps en temps... »

« On a trouvé la mine de Canard plus riche et plus
« pesante que celle du Briac. »

Le 22 du même mois, Morand envoyait à l'évêque
« un morceau de fer de l'espreuve de la mine de Ca-
« nard » ; il lui faisait remarquer que cette mine
« n'était pas venue en gueuse, comme celle du Briac,
« mais en *massot*, comme la mine douce » et il lui
en donnait cette explication : « Ce fer n'a pas été pu-
« rifié, estant esprouvé avec du charbon doux de
« sapin qui a converty tout-à-coup la mine en massot ;

---

(1) *Marcassite.* Pyrite blanche de fer.

« ce n'est pas à dire pour cela que ce ne soit de mine
« dure et qu'on n'en puisse faire de gueuse et que la
« qualité ne soit égalle à celle du Briac. »

Le ferrier l'aurait pu faire « couler en gueuse,
« s'il s'était servi du charbon de fayard qui est dur
« et plus ardent. »

Le 2 octobre suivant, Morand écrit à l'évêque :
« 263 livres de la mine de Canard n'ont produit du
« fer net que 58 livres. »

Il lui fait savoir que « . . . n est perdu au Briac »
et qu'on aurait grand besoin « de M. Rambaud *avec*
« *sa baguette* pour conduire les mineurs soit au
Briac, soit chez Canard et en divers endroits ou l'on
pourrait faire des fosses. »

L'irrégularité d'allure des gîtes de fer du mandement du Vercors et leur faible productivité forcèrent
l'évêque et les coseigneurs, ses associés, à renoncer
à leur projet de construction du fourneau et des deux
autres martinets autorisés par le Roi ; ils se bornèrent
à continuer l'exploitation du premier martinet en activité.

Eu 1741, l'évêque Daniel-Joseph de Cosnac mou-
rut, à Vienne ; son successeur, Gaspard-Alexis de
Plan des Augiers, chargea Morand de prendre possession de toutes les mines de fer et autres sises sur
le territoire du Vercors, notamment de celles de la
paroisse de La Chapelle, aux quartiers dits de Sceyes
et Combe noire ; mais les espérances que le nouveau
prélat avait fondées sur l'exploitation de ces mines
furent déçues.

Peu à peu, l'activité du martinet de Tourtres se ra-
lentit ; vers 1745, il fut abandonné ; déjà il tombait en
ruines ; à peine, de nos jours, voit-on des traces de
sa construction sur l'emplacement qu'il occupait jadis
et qu'on désigne encore par ces mots : *Vers le martinet.*

CHAPITRE VIII

La Métallurgie du fer dans les Alpes de Savoie

I. Les Mines de St-Georges-des-Hurtières

ES habitants de Saint-Georges-des-Hurtières (1) jouissaient, depuis les temps les plus reculés, du droit d'exploiter les mines de fer existant sur le territoire de leur commune; la tradition fait remonter à l'époque de l'occupation des Sarrazins ce droit de recherche et d'extraction des minerais de fer. Les amas de scories rencontrés, sur certains plateaux de la haute montagne, sont, sans doute, les résidus d'anciens foyers ou fourneaux à fer ayant appartenu aux âges lointains de la métallurgie nomade, c'est-à-dire de la métallurgie primitive. Le premier titre authentique invoqué par eux à l'appui de leur droit de *fossoyer et de tirer les mines* est une transaction du 24 septembre 1344, qui divisa la propriété des mines en deux parts, dont l'une fut attribuée au comte Amé de Savoie, et l'autre au seigneur des Hurtières; le comte Amé fit en outre réserve expresse que *les droits et privilèges concédés par le Souverain et ses prédécesseurs aux possesseurs et cultivateurs des dites mines seraient maintenus intacts et conservés dans leur entier.*

---

(1) St-Georges-des-Hurtières, village situé dans la vallée de la Maurienne, au pied du col du Petit Cucheron, au-dessus de la rive gauche de l'Arc.

L'exploitation d'un filon était regardée comme une prise de possession; chaque famille possédait sa galerie et la transmettait en héritage à ses descendants.

Les filons de St-Georges sont encaissés dans les schistes cristallins; ils occupent des fractures dont la puissance est souvent considérable (10 à 12 m.).

Les minerais qu'ils fournissent sont semblables à ceux d'Allevard; ils sont, cependant, plus manganésifères. De même que dans les filons du massif d'Allevard et du bassin de Vizille, le fer spathique du gisement de St-Georges est accompagné de sulfures métalliques (cuivre pyriteux, galène) dont, avec le quartz et quelquefois la barytine, il forme comme la gangue. Parmi ces sulfures, la pyrite de cuivre est assez abondante dans certaines parties du filon pour devenir l'objet d'une exploitation spéciale (1). Aussi les fontes provenant du traitement des minerais de St-Georges étaient-elles un peu cuivreuses.

Après le gisement de St-Georges, qui est le plus important, nous citerons les gîtes de *Bonneval, Orelle-St-Julien, St-Alban-des-Hurtières, Montendry, Arvillard, Noguillau, Les Gorges, Montgilbert,* etc., etc.

Un autre groupe de gîtes de fer carbonaté spathique existe, en Savoie, près de Modane, à proximité du tunnel des Alpes.

Il est constitué par un réseau de plusieurs filons qui traversent le terrain anthracifère et dont le principal, connu sous le nom de *Grand Filon*, a été exploité jusqu'à une altitude de 3,000 mètres, au-dessus de la limite des neiges éternelles, avec la mine de Galène dite des Sarrazins. Malgré les conditions diffi-

---

(1) Dans la première moitié du xiv⁰ siècle, cette pyrite formait le principal produit des mines et donnait annuellement 75 à 80 tonnes de cuivre rosette; son titre était de 12 p. c. de cuivre.

ciles d'accès où elle se trouve, la mine de fer a été, au milieu du xviie siècle, l'objet d'une exploitation suivie; elle a été arrêtée en 1845.

Dans le récit de son voyage en Tarentaise, en Savoie, etc., en 1788, François Pison du Galland, conseiller au Parlement de Grenoble, dit, en parlant de la montagne de Saint-Georges-des-Hurtières : « Cette « montagne est très remarquable en ce qu'elle est « remplie de *minières de fer* dont elle fournit toutes « les *fabriques de Savoie*, même à d'assez grandes et « pénibles distances. On aperçoit, ça et là, en des- « cendant (vers Aiguebelle) différentes ouvertures « des fosses de ces minières. Il y a aussi, vers la « sommité, plusieurs fosses ou filons de *mines de* « *cuivre* qui alimentent *la fabrique de ce métal*, éta- « blie à Aiguebelle. »

Le 5 mai 1789, De Saussure, accompagné d'un marchand de mine de fer qui lui servait de guide, visita le *filon de St-Georges.*

« En général, dit-il, dans le Tome III de son « *Voyage dans les Alpes*, où il a publié une relation « de sa visite, cette montagne (de Saint-Georges) est « remarquable tant par la qualité des mines qu'elle « renferme que par la facilité de leur exploitation. La « mine est une mine de fer spatique, à petites écail- « les, d'un gris tirant sur le fauve, brillantes et on- « dées. La gangue mêlée avec la mine est du quartz « blanc fragile, à grandes écailles, que les mineurs « de cette montagne nomment le *marbre*. Dès qu'on « voit à l'extérieur des veines de quartz un peu con- « sidérables, on est à peu près assuré qu'en les sui- « vant on trouvera du minerai ou de fer, ou de cui- « vre, ou de plomb; car il y a aussi de ce dernier « métal. Les paysans qui exploitent ces mines ne « mettent aucun art dans leur travail; ils vont en « avant, sans boussole, sans aucun instrument de

« géométrie, suivant les filons quand ils les tiennent
« et le quartz quand ils les cherchent ; ils font des
« mines, font sauter le roc, l'étançonnent ou cela est
« nécessaire ; mais rarement il en ont besoin et ils le
« font avec plaisir, parce qu'ils croient que le roc
« tendre annonce ce qu'ils appellent des *sales* ou des
« masses considérables de minerais. Ils ne sont point
« incommodés par les eaux ni obligés à aucune gale-
« rie d'écoulement ou de renouvellement d'air. Au con-
« traire, cette montagne est si criblée de fentes qu'ils
« sont obligés de fermer par des portes l'entrée de
« leurs galeries pour que le vent qui transpire de
« partout n'éteigne pas leurs lampes. Comme donc il
« n'est besoin ni de science, ni d'avances considéra-
« bles et que chacun est le maître d'attaquer la mon-
« tagne partout où elle n'est pas actuellement occu-
« cupée par d'autres, tous les paysans s'en mêlent,
« négligent la culture de leurs terres, donnent aux
« marchands leur minerai au rabais les uns des au-
« tres et sont en dernier résultat presque tous misé-
« rables. Les seuls qui se tirent d'affaires sont ceux
« qui ont la sagesse de cultiver leurs terres en été et
« de ne travailler à la mine que dans les saisons
« mortes ».

Pendant l'hiver on comptait dans les mines de
St-Georges, plus de 400 ouvriers tant mineurs que
manœuvres, traîneurs, casseurs et cuiseurs.

Après avoir grillé et trié le minerai, les paysans le
vendaient à des marchands de mine qui le transpor-
portaient sur des traîneaux jusqu'aux *Terriers*.

M. Lelivec, ingénieur des mines, pour les départements du Léman et du Mont-Blanc, dans son mémoire (An 10) sur les mines de fer et les forges de ce
dernier département, disait :

« Il y a en cet endroit plusieurs enceintes séparées
« par de petits murs ou chacun dépose son minerai ;

« quoique les magasins soient ouverts et en plein air,
« il est presque sans exemple qu'il s'y commette le
« moindre vol, ce qui prouve dans les gens du pays
« plus de probité qu'on ne leur en attribue commu-
« nément. Cependant, si l'on n'y prend garde, ils
« mêlent à leur minerai de la gangue pilée...

« Des Terriers le minerai est transporté sur des
« traîneaux dirigés chacun par un homme jusqu'au
« second entrepôt situé au pied de la montagne, vis-
« à-vis du pont d'Argentine. »

De là, les marchands de mine le conduisaient sur
des chariots aux fabriques de fer de la Tarentaise et
aux fourneaux de la Maurienne.

Dans le même rapport de M. Lelivec nous lisons :
« Il s'extrait annuellement 263,770 myriagrammes
« de minerai, ce qui répand dans les communes de
« St-Georges et de St-Alban-d'Hurtières 68,580 fr. ;
« sans cette ressource, ces deux communes, très po-
« puleuses et peu fertiles, ne pourraient acquitter
« leurs contributions, ni nourrir leurs habitants. »

Les mines de St-Georges appartiennent aujour-
d'hui à la Cie du Creusot ; elles sont reliées à la voie
ferrée de Chambéry à Modane, en amont d'Aiguebelle, par un plan incliné établi sur le flanc de la
montagne de Montgilbert.

II. Les fabriques de fer de la Tarentaise. — Les hauts fourneaux de la Maurienne.

Les mines de St-Georges alimentaient, avons-nous
dit, les fabriques de fer de la Tarentaise et les fourneaux de la Maurienne.

Parmi les fabriques de fer on remarquait :

1° *La fabrique de fer de Ste-Hélène.*
2° — *de la Trappe de Tamié.*
3° — *de l'Abbaye de Bellevaux.*
4° — *de la Chartreuse d'Aillon.*

Dans le compte-rendu de son voyage dans la Tarentaise, en 1788, F. Pison du Galland nous a laissé sur chacune d'elles les indications suivantes.

FABRIQUE DE FER DU VILLAGE PAROISSE DE SAINTE-HÉLÈNE

« On arrive ainsi au village de Ste-Hélène qui est
« peu considérable, mais qui doit être remarqué :
. . . .
« 2° Par une fabrique de fer beaucoup plus mo-
« derne et remise, depuis peu, en pleine activité par
« une compagnie qui n'a pas épargné les dépenses.
« Le fourneau est d'une belle construction ainsi que
« la conduite des eaux, établie en partie dans un
« large canal en bois et soutenue en l'air pendant plus
« de cinquante toises. On y travaillait à la construc-
« tion d'un boccard ou pile-loupe (1), absolument
« nécessaire à ces sortes d'artifices. »

FABRIQUE DE FER DE LA TRAPPE DE TAMIÉ

« Le vallon de Tamié offre l'aspect le plus vert
« avec des mélanges de bois bien conservés et des
« arbres fruitiers de bon rapport. Un ruisseau de
« belle eau, ou se rendent encore diverses fontaines,
« arrose le bas du vallon de Tamié et va, du côté de
« Faverges, sur la route d'Annecy, mouvoir une fa-
« brique de fer appartenant au monastère. »

FABRIQUE DE FER DE L'ABBAYE DE BELLEVAUX

« A la sortie de Bellevaux la gorge commence à
« s'élargir un peu et l'on se trouve bientôt auprès
« d'une fabrique de fer appartenant à la maison de
« Bellevaux. »

---

(1) Marteau frontal.

FABRIQUE DE FER DE LA CHARTREUSE D'AILLON

« Le site de cette chartreuse, dans un vallon assez
« large et richement herbé, est fort agréable..... On
« suit le charmant vallon pendant quelque temps et
« l'on laisse à la droite une ouverture dans la mon-
« tagne par où un ruisseau a sa pente et va vivifier
« une fabrique de fer du domaine de la chartreuse. »

La fabrique de fer de Sainte-Hélène était encore
en pleine activité dans les premières années de ce
siècle. M. Albanis Beaumont dans son « *Tableau historique et statistique de la Savoie* », dédié à Napoléon
Bonaparte, premier consul, dit, en effet, après une
courte description des mines de St-Georges : « La
« plus grande quantité de ce minerai est transportée
« au village de Ste-Hélène, dans la Savoie propre,
« où il y a des *fourneaux très considérables* et fort
« bien entendus qui appartiennent au citoyen Por-
« tier... ».

Les Hauts-Fourneaux de la Maurienne

Vers 1800, on comptait dans le département du
Mont-Blanc, 12 *hauts fourneaux* qui fondaient tous
les deux ou trois ans. Leur production annuelle
moyenne s'élevait au chiffre de 1,200 tonnes de fonte;
celle-ci se vendait sur les lieux de fabrication 28 f. 50
à 32 fr. les 100 kilogrammes. On en exportait, pour
les aciéries de Rives, environ 475 tonnes valant
144,654 francs. Ce débouché n'était ouvert que depuis
la réunion de la Savoie à la France. En 1789, le chiffre de la production des hauts fourneaux ne dépassait
pas 900 tonnes.

Les principales usines à fonte de cette époque
étaient constituées par les *hauts fourneaux au bois
de la Maurienne*, construits sur la rive droite de
l'Arc, dans le voisinage des gisements de Saint-
Georges.

Le premier haut fourneau que l'on rencontrait en remontant la vallée de l'Arc, était celui de *Randens*, établi sur l'emplacement d'une ancienne usine à cuivre. Non loin de là, se dressaient les hauts fourneaux d'*Argentine* et d'*Epierre* (1).

Il existait aussi, au hameau du *Bourget* (2) situé sur le chemin qui va d'Arvillars à Aiguebelle, par le col de Montgilbert, un *fourneau à fonte*.

F. Pison du Galland en fait mention dans le récit de son « *Voyage dans la Tarentaise, en Savoie, etc.* « en 1788........ on arrive ainsi, dit-il, au Bourget, « autre village paroisse, où est établi *un grand four-* « *neau de coulée de fer*. La quantité d'eau venant « d'un marais adjacent est médiocre, quelquefois « très faible, ce qui rend les coulées intermittentes, « surtout dans les étés secs. On voit tout près du « fourneau, un *boccard* ou *pile-loupe* de nouvelle et « bonne construction. »

Les marchands de mine vendaient aux fondeurs la mine grillée de St-Georges, par *bennes* (3).

Nous lisons dans le « *Voyage dans les Alpes* » (1789) de De Saussure :

« La douzaine de bennes rendues à la fonderie « vaut de 5 livres à 5 livres 1/2 de Piémont (la livre « de Piémont vaut à peu près 24 sols de France) et « rend environ 450 livres de gueuse ou de fer fondu ; « ce qui fait un peu plus de 56 livres par quintal. On « la fond dans un grand fourneau à manche ; elle n'a « besoin d'aucun autre fondant que d'une partie des « scories des fontes précédentes. Le fourneau con- « somme par jour 60 charges de charbon ; ces char-

---

(1) En 1842, le haut fourneau d'Epierre était alimenté par un mélange de bois vert et de charbon de bois.

(2) Bourget-en-Huile.

(3) Benne, mesure contenant 70 à 80 livres de mine.

« gés contiennent chacune 28 pieds cubes et coûtent
« 30 sols de Piémont. Ce même fourneau rend par
« jour 33 quintaux de gueuse qui se vend 11 livres
« de Piémont, le quintal. Le produit du fourneau par
« jour est donc de 33 quintaux à 11 livres : livres 363
« et la dépense aussi par jour, en charbon

$$\text{Livres } 180$$
$$\text{— en mine — 38}$$
$$\text{Livres } 218 \qquad 218$$
$$\text{Reste. Livres.. } 145$$

« Sur ces 145 livres il faut payer les fondeurs,
« l'entretien des fourneaux, les magasins et le *droit*
« *de fonte* qui appartient au Seigneur du lieu et qu'il
« faut racheter de lui, à ce qu'on m'assura, à raison
« d'un louis pour chaque jour ou les fourneaux sont
« en activité. Il resterait, cependant, un profit consi-
« dérable, si les fourneaux pouvaient marcher ainsi
« d'un bout de l'année à l'autre; mais l'on est souvent
« arrêté, surtout en hiver, par le manque de char-
« bon ».

Dans son mémoire déjà cité, M. Lelivec fait obser-
ver que le minerai grillé et préparé se payait : sur
place, 2 fr. les cent kilos; à l'entrepôt d'Argentine,
2 fr. 60. Son prix aux fonderies d'*Aillons*, *Bellevaux*,
Tamié, *Ste-Hélène*, *Randens*, *Argentine*, *Epierre*,
dépendait de l'éloignement respectif de ces usines ; il
variait de 2 fr. 70 à 4 fr. 20.

Plus riches en manganèse que ceux d'Allevard, les
minerais de St-Georges étaient plus aptes à la production des fontes spéculaires et rubannées ; mais,
nous l'avons dit, ces fontes étaient parfois un peu
cuivreuses.

Les hauts fourneaux de la Maurienne sont aujour-
d'hui éteints; quelques-uns d'entre eux étaient encore en activité vers 1805.

Pour terminer, signalons les anciennes forges qui, au XVIIe siècle, se rencontraient un peu avant d'arriver à Modane, au village des *Fourneaux*, auquel elles ont donné leur nom.

III. Le Haut Fourneau et les Forges de Crans. Les Martinets de La Rochette.

Vers l'année 1840, on pouvait voir, en pleine activité, l'usine à fer de Crans, située près d'Annecy, sur la rivière qui sort du lac de ce nom.

Cette usine appartenait à M. Frérejean. Elle se composait : d'un *Haut fourneau au bois*, de *feux Comtois*, de *fours de puddlage*, les uns simples, mais à deux soles, comme les fours Champenois, les autres doubles c.-a.-d. à deux portes opposées et à grandes charges et de *fours de réchauffage*, avec les appareils ordinaires de *cinglage et d'étirage* des usines anglaises, le tout mis en mouvement par des *roues hydrauliques*.

Le Haut fourneau fabriquait des *fontes de qualité ordinaire* avec les *minerais de Cuval* mélangés de *minerais du Château* ; pour améliorer la qualité des fontes destinées à l'affinage on y ajoutait des *minerais de St-Georges-d'Hurtière*. Outre les fontes obtenues à l'usine même, on y affinait les produits des hauts fourneaux voisins, ceux d'*Epierre* et de *Gy*.

On utilisait comme *castine* la mine de fer du Mont-du-Chat que l'on exploitait sur le revers occidental de la montagne, à Chanaz (oolithes ferrugineuses, à 5 et 12 °/₀ de fer, disséminées dans un calcaire magnésien riche en ammonites).

Les fours de puddlage et de réchauffage marchaient (1842) au régime du courant *d'air forcé*, l'air étant préalablement *chauffé* dans un petit appareil placé au bas de la cheminée du four. Ces fours soufflés étaient alimentés par un mélange de tourbe et de houille de Rive-de-Gier. En 1845, ce mode de travail fut supprimé ; M. Frérejean trouva plus avantageux de *puddler la fonte au gaz du Haut fourneau au bois et d'opérer le réchauffage au gaz de tourbe* produit dans un *générateur* spécial.

La production de l'usine était de 24 quintaux métriques de fer puddlé en 24 heures ; d'après des renseignements recueillis dans des mémoires publiés à l'époque par MM. Gueymard et Grüner sur l'industrie du fer au gaz, les produits obtenus dans ce four à à gaz ne différaient pas de ceux que livrait un autre four à reverbère alimenté avec de la houille de Rive-de-Gier.

Vers 1830, il existait, dans la vallée du Gelon, à *La Rochette*, des forges dont les *feux d'affinerie au bois* produisaient, avec les fontes de la Maurienne, une qualité de fer fin supérieure, dite *fer mailletin* et des *aciers naturels* employés à l'état brut ou corroyé pour la fabrication des *outils de taillanderie*.

Ces forges qui appartenaient à M. P. Leborgne, sont restées en activité jusque vers 1867.

CHAPITRE IX.

I. Analyses des minerais de fer spathique des Alpes du Dauphiné et de Savoie. — La présence du platine. — Statistique des usines à fonte du groupe des Alpes.

N trouvera dans le tableau suivant diverses analyses des minerais de fer spathique de nos gisements dauphinois et savoisiens.

PROVENANCES	Protoxyde de Fer	Oxyde de Manganèse	Chaux	Magnésie	Acide carbonique et Eau de combinaison	Gangue Quartzeuse	D'après
Allevard. Variété Rives...	52.00	2.50	»	5.50	40.00	»	Berthier.
do ...	43.00	11.00	»	2.30	38.00	5.70	do
do ...	48.15	3.02	2.50	0.57	40.49	4.85	do
Variété Maillat		»	»	15.40	41.80	»	do
Maillat mélé (fosse du Rocher)	49.60	1.60	»	8.10	40.70	»	do
Mine douce du Fayard (Maillat brun)	79.60	3.50	»	1.00	11.10	4.80	do
Mine douce (fosse Mazet)..	80.00	2.20	»	1.40	12.00	4.40	do
Articol. Mine douce.......	60.00	10.40	5.20	»	13.90	8.60	do
Vizille. Filon Pierre Rousse	52.60	1.70	1.00	3.60	37.20	3.20	do
Filon de la Grande fosse ..	43.60	1.00	»	12.80	42.60	»	do
St-Georges-d'Hurtières	50.50	8.00	1.70	0.70	38.10	1.00	do
do ..	47.40	6.50	9.00	»	37.80	3.50	do
do ..	49.90	7.00	2.70	»	39.20	1.00	Petitgand.

La présence du platine dans les minerais de fer carbonaté des Alpes du Dauphiné et de Savoie.

Une question du plus haut intérêt, au point de vue métallurgique, fut soulevée, en 1849, par M. Gueymard, ingénieur en chef des mines à Grenoble : *Le platine ne jouerait-il pas un rôle dans les fers et aciers produits en Dauphiné ?*

Dans un mémoire *sur le Platine des Alpes françaises de Savoie* présenté par lui, à la séance du 10 septembre 1857, du Congrès scientifique de France tenu à Grenoble, et qui résumait les cinq mémoires qu'il avait publiés, antérieurement dans les comptes rendus de l'Académie des sciences, sur la question de *la diffusion des métaux précieux, or et platine, surtout dans les minerais et les roches de diverse nature,* le savant ingénieur des mines disait : « J'avais bien
« établi que les fers spathiques de l'Isère, donnaient
« d'excellents aciers quand ils étaient très manga-
« nèsés, mais sachant aussi que le platine allié au fer
« donnait des aciers bien durs et pouvait recevoir un
« beau poli, j'ai pu raisonnablement rechercher ce
« métal dans nos fers carbonatés, puisque je l'avais
« trouvé déjà dans un si grand nombre de substances
« diverses ..... Je me contente d'énoncer les con-
« clusions auxquelles je suis arrivé : Les minerais de
« fer carbonaté qui donnent les meilleurs aciers sont
« ceux qui ont produit les plus belles réactions
« platinifères...... Mais si les minerais de fer car-
« bonaté contiennent du platine, ce métal doit se
« concentrer dans les fontes, les fers et les aciers.
« En effet, ce métal devant être considéré, dans les
« opérations métallurgiques, comme inoxydable, les
« laitiers et les scories ne doivent pas en contenir...
« A poids égal, nous pouvons dire que les minerais

« de fer carbonaté donnent moins de platine que les
« fontes ; que les fers ou les aciers en contiennent
« davantage que les fontes. La théorie pouvait indi-
« quer cette loi, mais j'y suis arrivé par l'analyse —
« D'après cela, il est impossible de ne pas admettre
« que le platine joue un rôle dans nos aciers et nos
« fers. — Il les rend plus fins, plus durs, moins fer-
« reux et susceptibles d'un plus beau poli. »

Plus loin : « Les fontes, les fers et les aciers pro-
« duits en Dauphiné et en Savoie, avec du minerai de
« fer carbonaté, sont tous platinifères, sans exception.
« J'ai la conviction que le platine joue un rôle dans
« les fers et aciers de ces contrées. »

« . . . . l'excellente qualité des fers de
« Saint-Georges-d'Hurtières est due probablement à
« la présence du platine qui s'y trouve en propor-
« tions plus fortes que dans tous les fers du Dau-
« phiné. »

Nous donnons dans le tableau suivant le résultat de
diverses analyses pratiquées par M. E. Gueymard sur
des fontes, fers et aciers obtenus avec les minerais
de fer carbonaté dauphinois.

Analyses faites sur 100 grammes

TENEURS EN PLATINE

Fontes de Vizille obtenues avec les minerais de fer
carbonaté, fondus avec l'anthracite :

	Milligrammes
Fonte blanche.............	0,0039
— truitée......	0,0045
— grise.............	0,0045
Fonte de Rioupéroux, au charbon de bois	0,0161
Acier fabriqué avec les *fontes de Rioupé-*	
roux	0,0335
Acier brut fabriqué avec les fontes des	
minerais d'*Articol*...................	0,0417

Acier dit de Hongrie fabriqué avec les fontes d'Epierre (Savoie)............. 0,0595
Acier naturel de Rives............... 0,0358
Fontes de Savoie.................... 0,0200

Statistique des usines à fonte du groupe des Alpes

En 1793 Hauts Fourneaux	Propriétaires	Nombre de fourneaux
Haut fourneau d'Allevard,	de Barral....	1
— de St-Vincent-de-Mercuze,	de Marcieu (1)	1
— de Sonnant,	Treillard..	1
— de Fourvoirie,	La Nation....	1
— de Saint-Gervais,	id.	1
— d'Articol,	id.	1
— de St-Barthélemy,	Perier........	1
— de Lancey,	La Nation.....	1
— de Saillant,	id.	1

En 1825. — Il existait dans le département de l'Isère, d'après le rapport officiel de Héron de Villefosse, *8 haut-fourneaux* appliqués à la fabrication des fontes d'acier.

Leur production moyenne était de 416 tonnes de fonte par an.

En 1867. — *Haute-Isère.*

| Allevard, | Charrière et Cie.. | 1 |
| Pinsot, | id. .. | 1 éteint |

---

(1) Une lettre de Louis XV, datée de 1727, conservée aux archives départementales, maintient Laurent-Joseph-Emé de Guiffrey de Monteynard, comte de Marcieu, marquis de Boutières, gouverneur de la ville et de la citadelle de Grenoble et du bailllage de Graisivaudan. au droit de faire exploiter des fourneaux à couler la gueuse dans sa terre de St-Vincent-de-Mercuze. (Note extraite de l'article de M. J. M. Sestier sur le *Tramway de Grenoble à Chapareillon*).

Saint-Hugon,	P. Leborgne.....	1 éteint
Saint Gervais,	Marine Impériale.	1
Brignoud,	A. Gourju.......	1
Savoie :		
Argentine,	Cie de la Maurienne.	1
Randens,	Grange........ .	1
Epierre	....	1
Haute-Savoie.		
Crans,	Frèrejean, Roux et Cie.	1
En 1878. Isère		
Allevard,	Charrière et Cie.......	1
(mélange de coke et de charbon de bois)		
Brignoud,	A. Gourju.......	1
Saint-Hugon,	Leborgne........	1
En 1887.		
Allevard,	A. Pinat et Cie...	1
(au coke)		
Brignoud,	A. Gourju.......	1
En 1898 :		
Allevard,	A. Pinat et Cie....	1
(coke et minerai cru) sans grillage préalable.		

Le haut-fourneau d'Allevard est aujourd'hui le seul représentant de nos anciennes usines à fonte alpines.

Les premiers hauts fourneaux de nos Alpes étaient à section prismatique; certains appartenaient au type dit : *Blauofen, à poitrine fermée,* de Styrie et de Carinthie : leur hauteur totale était d'environ 5 à 6 mètres. Ils étaient soufflés à l'aide de *trompes* qui ne différaient de celles usitées dans les forges Catalanes des Pyrénées que par la forme de la section des soupiraux ou aspirateurs du corps de trompe. En Dauphiné, ces soupiraux étaient ronds, au lieu d'être carrés, comme dans le Comté de Foix.

A ces appareils bien imparfaits pour injecter dans le fourneau de fortes quantités d'air furent plus tard substituées les *souffleries à piston* qui permirent d'*exhausser* les fourneaux, à cause de l'abondance et de la pression plus grande du courant d'air produit et d'*accroitre leur rendement.* Le profil intérieur du fourneau fut modifié et la *forme circulaire* remplaça la *forme prismatique* de la cuve primitive, comme se prêtant mieux à la régularité de la descente des charges.

CHAPITRE X

Notes sur l'antique méthode bergamasque et sur la méthode Rivoise

---

1. Méthode bergamasque ou lombarde

CETTE méthode d'affinage de la fonte, dans des bas foyers alimentés au charbon de bois, opérait sur une charge de fonte de 300 à 400 kilogr. qu'on liquéfiait lentement sous le vent d'une tuyère. Puis on ralentissait le vent et on brassait la fonte avec des battitures ou scories riches. De liquide qu'elle était la fonte devenait pâteuse et se réunissait en grumeaux. On formait alors un nombre plus ou moins grand de *Cottizi*, sorte de gâteaux de fonte à moitié affinée ou de loups mélangés de fonte mazée et de scories ; on reprenait ensuite un à un les cottizi et, en les traitant, soit dans le même feu, soit dans un autre, on achevait leur affinage. On obtenait des massiaux qu'on cinglait et qu'on transformait en barres, par étirage, en les réchauffant.

Cette méthode, qui présentait diverses variantes, exigeait une grande quantité de combustible (266 kil. de charbon de bois pour 100 kilos de fer fini). C'était l'inconvénient de la méthode.

Le prix de revient était fort élevé ; une tonne de fer coûtait près de 400 francs.

Par la méthode comtoise, les mille kilogs de fer coûtaient près de 310 à 315 francs.

II. Méthode Rivoise

Ancien procédé

Affinage au charbon de bois et réchauffage dans le même foyer.

Charges : 1,000 à 1,200 kilos de fonte.

Consommation de charbon de bois : 2 tonnes 800 à 3 tonnes.

Etirage des lopins : Opération très longue.

Déchet : 200 à 250 kilogr. pour 1,000 kilos.

Procédé modifié

Affinage au bas foyer bra-qué.

Réchauffage des lopins au foyer à la houille.

Etirage des lopins au marteau, quelquefois au laminoir. Une même opération donnait à peu près toutes les variétés d'aciers naturels, depuis le fer aciéreux jusqu'au plus dur acier et même la fonte à peine décarburée.

Production d'acier moyennement dur et homogène, 40 à 50 0/0 *au maximum.* La majeure partie des produits se composait d'aciers doux ferreux que le corroyage ultérieur transformait en barres de quincaillerie et de taillanderie communes et qui convenaient tout au plus à la confection d'outils et d'instruments agricoles.

Production d'un foyer par 24 heures : 800 à 1,000 kilogr. d'aciers en lopins cinglés au marteau.

Consommation par 1,000 kil. d'acier produit : Fonte 1,100 à 1,110 kilos ; Charbon de bois : 1,100 à 1,200 kilos. Le foyer soufflé, à la houille, pour réchauffage, était voûté ; les lopins se plaçaient sous la voûte, directement au dessus du combustible avec lequel ils n'étaient pas en contact.

Consommation par 1,000 kilos de barreaux à section carrée de 27 ᵐ/ᵐ à 28 ᵐ/ᵐ : Massiaux, 1,120 kilogr. ; houille, 800 à 1,000 kilos.

La disposition du foyer de réchauffage favorable à l'économie du combustible, la différence des effets calorifiques de la houille et du charbon de bois, permettaient de conclure que les 800 à 1,000 kilogr. de houille dépensés, représentaient au moins 13 à 1,400 kilogr. de charbon de bois autrefois consommé dans le bas foyer pour l'étirage des massiaux.

Le principal bénéfice de la modification du procédé Rivois provenait de la substitution de la houille au charbon de bois pour le réchauffage.

Aciers Rivois

PRIX DE REVIENT DE LA TONNE D'ACIER EN BARRES.

Ancien procédé

Fonte : 1,230 kilos à 200 francs........	246 fr.
Charbon de bois : 3,000 kilos à 70 francs	210 —
Main-d'œuvre : 50 francs..............	50 —
Divers : 15 francs...................	15 —
TOTAL	521 fr.

Procédé modifié

Fonte : 1,230 kilos à 200 francs.........	246 fr.
Charbon de bois : 1,300 kilos à 70 francs	91 —
Houille et coke : 900 kilos à 35 francs..	31 50
Main-d'œuvre : 50 francs.............	50 —
Entretien et divers : 15 francs..... ...	15 —
Total..	433 50

Ouvrages consultés

Em. Gueymard. Statistique minérale de l'Isère (1847).

J.-J.-A. Pilot. Etudes historiques sur Allevard et son mandement (*Xavier Drevet, éditeur*).

Brun-Durand. Le Dauphiné en 1698, suivant le mémoire de l'intendant Bouchu sur la généralité de Grenoble.

Abraham Golnitz. Le Dauphiné et la Maurienne au xviie siècle. (Extraits traduits et annotés par A. Macé.)

F. Pison du Galland. Voyage dans la Tarentaise, en Savoie, au Petit St-Bernard, dans les Hautes-Alpes et environ trois lieues au-delà dans le Val d'Aoste, etc. (1788).

R. Rey, inspecteur d'Académie de l'Isère. Un intendant de province à la fin du xviie siècle. (Bulletin de l'Académie delphinale) (1895).

Hector Blanchet. Rives et ses environs (Revue des Alpes) (1861).

Perrin Dulac. Description générale du département de l'Isère.

Gustave Vallier. Lettres sur l'histoire et l'industrie du vallon de la Fure (1852).

L'abbé Fillet. Essai historique sur le Vercors. (Bulletin de la société départementale d'archéologie et de statistique de la Drôme) (1887).

L'abbé Paul Guillaume. L'industrie métallurgique dans les Hautes-Alpes avant 1790. (Bulletin de la Société d'Etudes des Hautes-Alpes) (1886).

Chorier. Histoire générale du Dauphiné (1661).

De Saussure. Voyage dans les Alpes (1789)

Lelivec Mémoire sur les mines de fer et les forges du département du Mont-Blanc An 10.

Revue de l'Industrie du fer, en 1867, par M. S. Jordan, professeur de Métallurgie à l'Ecole Centrale des Arts et Manufactures.

LES NOUVELLES

ET

LÉGENDES DAUPHINOISES

Près de **soixante** *ouvrages* divers actuellement publiés constituent un véritable **Monument Littéraire** élevé pour la glorification du Dauphiné.

Cette œuvre a puissamment contribué à

Faire connaître
aux **Français les Alpes françaises,**
aux **Etrangers les beautés de la France.**

Les intéressants volumes de cette collection, dont plusieurs ont été distingués par l'**Académie Française** comme ouvrages **utiles aux mœurs,** sont admis dans les Bibliothèques publiques par l'Administration, qui les honore de souscriptions fréquentes.

Une **haute sanction** a été donnée à l'utilité de ces ouvrages essentiellement **moraux** et **patriotiques** quand M. le Président de la République, lors de son voyage dans les Alpes, a daigné remettre lui-même à Mme **Louise DREVET,** auteur des *Nouvelles et Légendes Dauphinoises,* la rosette, rarement décernée à une femme en dehors de l'enseignement, d'**Officier de l'Instruction Publique.**

LES
Nouvelles et Légendes Dauphinoises
de Mᵐᵉ Louise DREVET

En même temps qu'elle fondait à Grenoble **Le Dauphiné,** *Revue* dont le but était de faire connaître et vulgariser l'histoire, les traditions, les beautés de la province de Dauphiné, Mᵐᵉ Louise Drevet inaugurait la collection des **Nouvelles et Légendes Dauphinoises.**

Un accueil chaleureux fut fait à ces publications d'un genre tout nouveau : jamais, jusqu'à ce jour, travaux semblables n'avaient eu pour objectif notre pays, et alors que la Normandie, la Bretagne et nombre d'autres provinces avaient depuis longtemps leurs conteurs populaires, le Dauphiné n'avait pas encore vu d'œuvre d'une aussi longue haleine lui être consacrée.

Dans cette collection aujourd'hui célèbre à l'Etranger comme en France, les traditions populaires des Alpes sont ressuscitées pour la première fois sous forme d'une série d'intéressants récits où se reconstitue l'histoire du pays. Des scènes touchantes ou dramatiques s'y mêlent au merveilleux des légendes. Le Dauphiné des Dauphins et le Dauphiné français revivent dans ces pages nombreuses que domine le culte de la Patrie.

« *Dans tous les genres, les buts bien définis sont le secret des succès durables* », a dit un grand philosophe, M. Victor Cousin. C'est là évidemment l'explication du succès toujours grandissant obtenu dans *Le Dauphiné* et dans les *Nouvelles et Légendes Dauphinoises,* par Mᵐᵉ Louise Drevet.

Plusieurs de ces ouvrages ont eu l'honneur d'être récompensés par **l'Académie Française.**

LE DAUPHINÉ

Le Dauphiné paraît, à Grenoble, *depuis le 15 mai 1864*, par n°° bi-hebdomadaires et hebdomadaires de 16 ou 18 pages in-4°, avec la collaboration des principaux Littérateurs, Artistes, Historiens, Poètes, Savants et Alpinistes.

Chaque volume renferme des documents nombreux sur l'**Histoire** ancienne et contemporaine, des **Romans et Nouvelles**, ainsi que des **Vues des Sites** remarquables des Alpes et des **Portraits de Dauphinois célèbres**.

Le Dauphiné est le *seul Journal* qui s'occupe activement *depuis* **plus d'un tiers de siècle** de la prospérité de nos Établissements Thermaux et Stations d'été, dont il publie régulièrement les **Listes officielles d'Etrangers**. Il est le seul qui, grâce à un service organisé de **Renseignements sur la Région des Alpes** et à la multiplicité de ses correspondants spéciaux, est toujours tenu au courant des faits divers intéressant les montagnes et publie périodiquement des itinéraires et horaires d'**Ascensions et Promenades en Dauphiné**.

Le **but** de ce Journal, depuis sa fondation, est de mieux **faire connaître le Dauphiné et les Alpes**, d'y attirer le plus possible d'Etrangers, et d'accroître, par suite, la prospérité de leurs habitants.

Prix : Par année, 12 fr. — Le n° 0,20 c. ; n°° d'années antérieures, 0,30 c. ; n°° avec illustration, 0,50 c.

OUVRAGES SUR LE GRAISIVAUDAN

Le chevalier Bayart et le Baron des Adrets, par Jules Sestier, avocat. In-18 (*Bibliothèque Historique du Dauphiné*).. 0 fr. 50
Le Graisivaudan à vol d'oiseau, par Ch. Dufayard, docteur ès-lettres. In-18 (*Bibliothèque Historique du Dauphiné*) 0 fr. 50
Notes sur la Tronche, par Félix Leborgne, 2 brochures in-8°, à... 0 fr. 50
Description de Grenoble et ses environs, par Félix Crozet. In-8° avec plans et cartes........................... 1 fr. »
Description du canton du Touvet, par le même. In-8°, avec carte.. 0 fr. 50
Guide du Botaniste en Dauphiné, par l'abbé Rava... 2° excursion, 0 fr. 60 ; 1° excursion.................... 0 fr. 90
Ascension du Mont-Rachais, par Léo Ferry et Dessois. In-12 (*Bibliothèque du Touriste en Dauphiné*)............... 0 fr. 50
De Saint-Ismier en Chartreuse par le col de la Falta, par Repellin. In-12 (*Bibliothèque du Touriste en Dauphiné*) 0 fr. 50
Usages et Coutumes du Dauphiné, par J.-J.-A. Pilot de Thorey. 2 volumes in-16 avec illustrations............. 7 fr. »
Les Maisons fortes du Dauphiné, par le même. 2 volumes in-16.. 4 fr. »
La prise du fort Barraux, etc. A travers l'Histoire du Dauphiné, par L.-Xavier Drevet. In-12........................ 1 fr. »
Le monastère de Montfleury, par H. de Maillefaud. Un volume in-8°.. 3 fr. 50

Plusieurs des volumes des **Nouvelles et Légendes Dauphinoises**, par M⁻ᵉ Louise Drevet (voir le Catalogue ci-contre), entre autres :
Le Saule. — L'Incendiaire Un fort volume in-12.... 3 fr. 50
Isérotte. Un fort volume in-12, avec couverture illustrée 3 fr. 50
Le Petit-Fils de Bayard (2° édition). Un beau volume in-12 avec de nombreuses illustrations...................... 3 fr. »
La Malanot. Un volume in-12, avec illustrations...... 1 fr. »
Jérôme-le-Têtu. Un volume in-12, avec illustrations.. 1 fr. »
Le Secret de la Lhauda. Un fort volume in-12 (ouvrage honoré d'une mention de l'Académie française)............ 3 fr. 50
Le Violonaire. Un volume in-12......................... 3 fr. »
Bobila et l'Invasion de 1814. Un volume illustré..... 1 fr. »
Le Dogue de Lesdiguières. Un volume in-12, avec de nombreuses illustrations.................................... 2 fr. »
Héros sans gloire ! Un fort volume in-12, avec de nombreuses gravures (ouvrage adopté par le *Ministère de l'Instruction publique* pour les Bibliothèques de l'enseignement)........ 3 fr. 50
La dernière Dauphine Béatrix de Hongrie. Un fort volume in-12, avec de nombreuses illustrations............. 3 fr. 50
Les Funérailles de la Dauphine à l'abbaye des Ayes. Avec plusieurs phototypies. In-12............................ 0 fr. 50

BIBLIOTHÈQUE HISTORIQUE DU DAUPHINÉ

Chabrand. — Origines de l'exploitation des Mines et de la métallurgie dans les Alpes. — Grand in-8°..... 1 »

Crozet. — Histoire du Dauphiné sous les Dauphins..... 1 fr. »

Id. — Grenoble et ses environs. — Histoire, topographie, descriptions, avec *Plans et Cartes* .... 1 »

Badon. — Montbrun ou Les Huguenots en Dauphiné. — 2 vol. in-8°, avec Notes historiques importantes ..... 7 »

Bourne. — Histoire de Vizille, de son Château et du Connétable de Lesdiguières. — In-8°............. 3 »

Champollion-Figeac et Borel d'Hauterive. — Album historique du Dauphiné. — In-4°, avec magnifiques Dessins. (Rare) .... 40 »

Champollion-Figeac. — Les deux Champollion, leur vie et leurs œuvres. — Grand in-8°, avec 3 eaux-fortes...... 5 »

Chorier (historien du Dauphiné). — Mémoires inédits. — In-8°..................................... 3 »

Clerc-Jacquier. — Histoire de Moirans. 3° édition .... 2 »

Id. — Le Monastère de Parménie, près Rives. — In-16.. 1 »

Drevet (Louis-Xavier). — A travers l'Histoire du Dauphiné. In-16............................. 1 »

Fauché-Prunelle. — Anciennes Institutions des Alpes Briançonnaises et du Dauphiné. — 2 forts vol. in-8°.. 15 »

Guirimand. — Histoire d'Aoste (Isère). — In-8°....... 2 50

Lacroix. — Histoire de Saint-Marcellin. — In-16..... 1 »

Maignien. — Dictionnaire des ouvrages Anonymes et Pseudonymes du Dauphiné (2,700 titres; avec une table). — In-8°... .... 10 »

Id. — La Bibliothèque de Grenoble et ses premiers bibliothécaires. — Grand in-8°..................... 1 50

Pilot de Thorey. — Histoire municipale de Grenoble. — 2 vol. in-8° .... 7 »

Id. — Les Maisons Fortes du Dauphiné. — 2 vol. in-16.. 4 »

Id. — Usages, Fêtes et Coutumes du Dauphiné. — 2 vol. in-16 avec gravures .. .. 7 »

Id. — Ancien Mandement de Pariset. — In-16........ 2 »

Id. — Marie Vignon, épouse de Lesdiguières. — In-16.. 1 50

Id. — Histoire de Grenoble (1799-1814). — In-16...... 2 50

Id. — Inventaire des Sceaux relatifs au Dauphiné...... 3 50

Id. — Sigillographie du Dauphiné, avec 150 figures.... 4 50

Rochas. — L'Abbaye joyeuse de Pierrelatte. — In-8°.. 2 50

Sestier. — Le chevalier Bayard et le baron des Adrets. 50

www.ingramcontent.com/pod-product-compliance
Lightning Source LLC
LaVergne TN
LVHW050059060726
842524LV00003B/835